E&G 蓝皮书 BLUE BOOK

2013中国城市科学发展综合评价报告
—— 城市与人

2013 Comprehensive Evaluation and Grading
Report on China Urban Scientific Development
(Chinese-English Bilingual Edition)
—— City and People

联合编著

中国城市发展研究院
中国房地产研究会
中国国际经济交流中心
中国战略文化促进会

中国社会科学出版社

图书在版编目(CIP)数据

2013 中国城市科学发展综合评价报告 / 中国城市发展研究院等联合编著 . —北京：中国社会科学出版社，2014.1
ISBN 978 – 7 – 5161 – 3881 – 6

Ⅰ.①2… Ⅱ.①中… Ⅲ.①城市 – 发展 – 评估 – 调查报告 – 中国 – 2013　Ⅳ.①F299.2

中国版本图书馆 CIP 数据核字(2014)第 008753 号

出 版 人	赵剑英
责任编辑	任　明
责任校对	陈铁傲
责任印制	李　建

出　　版	中国社会科学出版社
社　　址	北京鼓楼西大街甲 158 号（邮编 100720）
网　　址	http://www.csspw.cn
	中文域名：中国社科网　010 – 64070619
发 行 部	010 – 84083685
门 市 部	010 – 84029450
经　　销	新华书店及其他书店
印　　刷	北京奥隆印刷厂
装　　订	廊坊市广阳区广增装订厂
版　　次	2014 年 1 月第 1 版
印　　次	2014 年 1 月第 1 次印刷
开　　本	710 × 1000　1/16
印　　张	13.5
插　　页	2
字　　数	232 千字
定　　价	280.00 元

凡购买中国社会科学出版社图书，如有质量问题请与本社联系调换
电话：010 – 64009791
版权所有　侵权必究

《中国城市科学发展综合评级体系(E&G)设计》著作权声明

《中国城市科学发展综合评级体系（E&G）设计》是中国城市发展研究院的重大研究成果之一，已经通过专家论证和中华人民共和国国家版权局的审核，"中华人民共和国国家版权局著作权登记证书"登记号为：2008-A-012255。

未经本院书面授权，严禁任何形式盗用、复制或仿造本《综合评级体系设计》，严禁任何形式使用本《综合评级体系设计》进行评价或其他活动。一经发现，本院将依法追究相关者的法律责任。

中国城市发展研究院
2013年10月8日

《2013中国城市科学发展综合评价报告》编辑机构

编辑委员会

主　　　任	孙家正　郑万通
常务副主任	郑新立　刘志峰
副　主　任	于　炼　罗　援　苗乐如
委　　　员	（按姓氏笔画排名）
	马庆斌　马志刚　王　军　卢继平
	吕贵品　朱彼得　严奉天　杨　旭
	李兵弟　何宇鹏　林文棋　袁崇法
	柴浚丰　葛　津　雷啸林

编辑部

主　　　编	于　炼
副　主　编	杨　旭　李兵弟　袁崇法　王　军
	严奉天　林文棋　朱彼得　卢继平
	黄云峰
执 行 主 编	白南风
执 行 编 委	郑　樱　董继红　张文宁
数据库管理	刘至贺　安　顿

目　　录

序言　关于城市 …………………………………………………… (1)
第一部分　2013 中国城市发展报告 ……………………………… (1)
　一、引言 …………………………………………………………… (1)
　二、以人为本，评价城市发展状况 ……………………………… (2)
　三、城市科学发展评估的主要结果 ……………………………… (5)
　四、城市化与城市科学发展之间的关系 ………………………… (13)
　五、中国城市发展中存在的若干问题剖析 ……………………… (15)
　六、结语 …………………………………………………………… (18)
第二部分　评价体系编制及调整说明 …………………………… (19)
　《2013 中国城市科学发展综合评价报告》体例编制及调整
　　说明 ……………………………………………………………… (19)
　一、调整原则 ……………………………………………………… (19)
　二、指导思想 ……………………………………………………… (20)
　三、调整说明 ……………………………………………………… (20)
　四、名词释义 ……………………………………………………… (26)
　五、补充说明 ……………………………………………………… (27)
第三部分　报告专题 ……………………………………………… (29)
　第一节　城市群专题 ……………………………………………… (29)
　　专题一：中国城市群产业结构与竞争力研究 ………………… (29)
　　专题二：城市群基本概念界定及发展经验梳理 ……………… (47)
　第二节　大理州生态文明建设与特色城镇化融合发展研究 …… (62)
　　前言 ……………………………………………………………… (62)
　　一、现状与潜力 ………………………………………………… (63)
　　二、机遇与挑战 ………………………………………………… (66)
　　三、定位与战略 ………………………………………………… (67)
　　四、经验与探索 ………………………………………………… (68)

五、政策与保障 …………………………………………………… (76)
第三节　我国农村集体产权制度改革的探索
　　　　——基于上海农村集体产权制度改革调研 ………… (77)
第四节　社会组织管理服务转变研究 …………………………… (92)
　　一、引言 …………………………………………………… (92)
　　二、我国社会组织的发展 ………………………………… (93)
　　三、社会组织登记管理的改革探索及管理服务创新 …… (95)
　　四、结语 …………………………………………………… (104)
第五节　中国城市社区发展中的公民意识培育研究 …………… (106)
　　一、培育社区居民公民意识的必要性 …………………… (106)
　　二、公民意识与公共利益 ………………………………… (107)
　　三、国外社区建设中的公民意识体现 …………………… (108)
　　四、我国社区居民公民意识现状 ………………………… (109)
　　五、培育公民意识的途径 ………………………………… (110)

第四部分　城市排行榜及部分城市数据 ………………………… (113)
第一节　中国城市科学发展典范城市 …………………………… (113)
第二节　中国城市科学发展典型城市 …………………………… (114)
　　一、综合实力典型城市 …………………………………… (114)
　　二、系统发展典型城市 …………………………………… (115)
第三节　中国城市特色发展优势城市 …………………………… (118)
　　一、经济增长效率优势城市 ……………………………… (118)
　　二、居民收入统筹优势城市 ……………………………… (118)
　　三、要素利用效率优势城市 ……………………………… (119)
　　四、人居生活环境优势城市 ……………………………… (119)
　　五、外部效应调控优势城市 ……………………………… (119)
　　六、发展速度提升优势城市 ……………………………… (120)
第四节　2013年中国城市科学发展综合数据分析表
　　　　（部分） ……………………………………………… (121)
　　一、城市经济发展水平母系统 …………………………… (121)
　　二、城市公共服务水平母系统 …………………………… (132)
　　三、城市居民实际享有水平母系统 ……………………… (144)
　　四、E&G综合体系 ………………………………………… (155)
第五节　全部城市排名分布区域 ………………………………… (158)
　　一、西南地区城市排名分布表 …………………………… (158)

二、西北地区城市排名分布表 ……………………………（159）
三、华南地区城市排名分布表 ……………………………（160）
四、华北地区城市排名分布表 ……………………………（161）
五、华中地区城市排名分布表 ……………………………（162）
六、华东地区城市排名分布表 ……………………………（163）
七、东北地区城市排名分布表 ……………………………（164）

第五部分　全国及七大区域图 ……………………………（165）

序　言

关 于 城 市

（十一届全国政协副主席　孙家正）

伴随着经济的发展、科技的进步，城市化进程明显加快。城市的发展，促进了人类社会现代化进程。目前，城市的数量和规模日益扩大，全世界城市人口在超过农业人口后迅速攀升，全球性的"城市时代"已经来临。

城市文明的发展是历史的进步，他广泛而深刻地影响着人们的生活方式和社会心理。城市的发展为人们带来了更多的舒适、便利和机会，也带来一些新的困扰和问题。我们赖以生存的城市家园不同程度地面临着记忆消失、面貌趋同、交通拥挤、环境恶化等诸多问题。城市的发展不断地满足并刺激着人们的物质需求，而精神上、心理上的慰藉和憧憬却在不同程度地失落。人们在为城市日新月异的变化而兴奋的同时，应该保持一种忧患意识，冷静思考城市乃至整个经济社会如何科学发展。

我们究竟需要一个什么样的生存空间？我们究竟在追求怎样的生活？当人们试图以全新的、理性的眼光审视扑朔迷离的城市形态时，不约而同地选择了文化的视角。我认为，《中国城市科学发展综合评价报告》出版的意义在于，它的编辑和作者也试图从城市的个性差异，也就是从城市的文化角度去审视和评价每一个城市。

文化是什么？文化是一定历史、一定地域、一定人类群体的生存状态和愿望的反映，同时，又对人的生存和发展产生广泛而深刻的影响。城市文化问题，可以说是当代备受关注的世界性话题。

城市是市民的安居之所和精神家园，城市建设应秉持以人为本的原则。城市的规划、建设、管理和服务都必须坚持面向最广大的普通民众，同时也要回应不同人群的诉求。创造人与自然友好相处的生态环境，形成亲切无碍的人际关系，构建和谐自然的城市空间，是民众的共同愿望和要求。面对现代生活的迅捷变化和市场经济下的激烈竞争，人们的物质需求需要不断地满足，而心理上的迷茫和困扰尤需抚慰。民众的生存状态、心理感受，需要更多的人文关怀。城市文化形态的变化和发展过程应该同时成为不断满足人们的精神需求、提高人的素质、促进人的全面发展的过程。城市建设和管理呼唤着深切的人文关怀。一个城市是否具有这种人文关怀的精神、环境和氛围，应成为考评城市建设水平高低、管理质量优劣的重要标尺。

形神兼备是文化城市的重要特征。所谓形，就是城市的建筑、街道、景观，表现为城市外在的风貌气度；所谓神，就是蕴含在城市历史和现实当中的文化内涵，闪耀着一个城市独有的内在品格和气质。物态景观和人类活动因共有的文化内涵而和谐统一。一个城市只有形神兼备，浑然一体，才能保持永不衰竭的魅力。一个对城市的科学评价体系，也应当从"形"和"神"两个角度去审视城市。我们感到欣慰的是，《中国城市科学发展综合评价报告》的编辑和作者在这方面做出了不懈的努力。

人创造了有形的城市，城市反过来又以无形的方式陶冶人、塑造人。市民的价值观念、思维方式、道德水准、社会风尚等因素是城市文化建设的综合反映，也是城市文化建设发挥作用的过程与结果。

无论是有形的城市面貌，还是无形的城市精神，都是一定的文化使然。文化如水，滋润万物，悄然无声。文化留存于城市空间的每一个角落，融汇于城市生活的全部过程和每一个细节。文化对城市的营造、演变，对市民的生活、行为都产生着潜移默化的作用，城市是文化的容器。城市中的街区、广场、建筑、雕塑、装置、绿化、小品等等构成了城市有形和外在的物态系统，作用于我们的视觉、听觉、嗅觉、触觉而直抵心灵；同时，它们又承载着在城市空间中发生着的人类活动，正是这些千姿百态、生动有趣的活动使城市富有了充沛的人气和旺盛的活力。

拒绝和防止趋同，保护和彰显个性，是当代城市建设中应该特别注意的问题。现代化、全球化无疑是一把双刃剑，其益处无需赘言，其弊端也显而易见。现代化对于传统的消解，全球化对于个性的抹杀已是不争的事实。正因为如此，近年来，保护文化多样性的声浪日趋高涨。尊重和珍惜城市的历史传统、地域风貌和民族特色，方能保持并彰显一个城市所独有的文化韵味。一个城市区别于另一个城市的，不仅在于它的规划布局、色彩基调、建筑样式，更重要的还在于其内在的气质、情感及其文化底蕴。城市的文化特色将是城市特有风貌和文化精神的完美结合。发现、界定、保护、传承和拓展城市的文化个性与特色，方可构建起轮廓清晰、结构完整、布局合理、神采独具的城市文化形象。

保护历史文化遗产是城市建设中的重大课题。历史文化遗产在城市建设中焕发着穿越时空的悠久魅力。一座城市就是一部历史，我们不能割断历史，割断历史便也撕裂了现在。人类需要前瞻又耽于回忆，我们不能失去记忆，失去记忆也便失去了憧憬。城市中的物质与非物质的文化遗产见证着城市的生命历程，保持和延续着城市文化，并促进着城市肌体的健康发展，同时也赋予了人们真切的归宿感与认同感。我们必须坚守、传承、培育城市的优秀文化传统，尽可能避免盲目开发对文化遗产、文化环境的破坏。精心呵护历史文化遗产，维系历史文脉，留住城市记忆，是人们生存发展的心理需求，也是当代人对祖先和子孙的责任。

城市不是钢筋、混凝土的堆砌物，而是一个有机的生命体。城市的演化和发展是一个生命体的成长发育和有机完善的过程。我们要尊重城市内在的遗传基因，顺应城市生成肌理和发展规律，在改造与完善中，有机更新，有序发展，使其生态环境不断优化、服务功能日趋完备、文化韵味更加浓郁。

城市建设不但要继承传统，同时也要适应时代的发展和生活的需要不断地创造和更新。成功的城市必定是在保持自己文化传统基础上进行再创新的城市。坚守历史传统、适应时代需要的文化创新是城市发展的灵魂和活力。包括城市建设内在的文化创新，需要有坚定的自信和包容的胸怀。对外开放是中国的基本国策，和而不同是中国的哲学思维，追求和谐是中国人的价值取向。

城市从来就不是孤立的存在。追根溯源，是农村、农业和农民孕育并哺乳了城市。这一点，在中国城市化进程中尤为明显。反哺农村，善待农民，促进城乡协调发展是城市发展的应有之义。这不仅是道义上的必须，也是城市自身持续发展的必备条件。

对中国城市按着科学发展观进行综合评级，不但有利于促进中国城市社会经济的健康发展，而且也是对城市文化的总结和肯定。我衷心希望《中国城市科学发展综合评价报告》取得成功，为中国城市发展做出独特的贡献。

第一部分 2013 中国城市发展报告（中文版）

一、引言

著名经济学家 Lucas（1988，2002）[1][2] 在其经典文献中指出，城市是增长的引擎。发生在城市环境下的"知识积累"将带来更高的劳动生产率。在中国，地级及以上城市共有 288 个，这些城市（市辖区）仅占全国土地面积的 6.7%、人口的 30%，但创造了全国生产总值的 62%（2011 年数据）。可以说，正是城市的繁荣发展为华夏民族的腾飞梦想插上了翅膀，从而铸就了中国经济社会三十五年的光辉历程。

然而，和西方国家城市的概念不同，中国大部分城市的行政区域不仅包括城市辖区，还包括周边的农村地区（主要是农业用地，也包括零星的乡镇）。[3] 以河北省省会石家庄市为例，2010 年，石家庄行政管辖面积为 2 万平方公里，常住人口为 1028 万，但其中只有 28% 的居民生活在市区。市区和城市边缘的农村地区在经济发展水平、公共服务供给、居民收入等方面往往存在极大差异。就城乡居民收入差距这一指标来看，2011 年我国城乡居民收入比超过 3∶1，远高于世界平均水平。与此同时，一些特大城市和大城市的市辖区存在大量农业转移人口，他们被计入当地"常住人口"，但并没有真正融入城市。最普遍的问题是由于没有所在城市的户籍而无法享受与户籍挂钩的社会保障和公共服务。仅从社会保障这一点来说，有数据显示，截至 2012 年 9 月，全国农民工参加城镇职工基本养老、基本医疗、失业、工伤保险者占农民工总人数的比重，分别仅为

---

[1] Lucas, R., 1988, "On the Mechanics of Economics Development", Journal of Monetary Economics, 22, pp. 3—42.

[2] Lucas, R., 2002, "Life Earnings and Rural2Urban Migration Working Paper", http：//home.uchicago.edu/~sogrodow/homepage/life-earnings.pdf.

[3] 范蓓蕾、齐家国：《中国主要城市的持续性评估》，万光华、蔡昉等：《中国的城市化道路与发展战略：理论探讨和实证分析》，经济科学出版社 2012 年版。

17.8%、19.7%、10.4%和28.0%①。

上述现象并非否定城市化进程，而是反映出我国城市化进程中存在着一些需要引起关注的重大问题，城市化方式亟需转型。近年来，城市化成为社会和学界讨论的热点，特别是关于新型城镇化的内涵，诸多学者进行了阐释。在全国人大一次会议的闭幕会上，李克强总理强调，"城镇化是现代化的必然趋势，我们强调的新型城镇化是以人为核心的城镇化"。只有持续带来国民福利整体水平显著提升、基本公共服务等福利性安排惠及更多国民、收入分配结构趋于合理、城市环境不断改善，才能够实现城市走向以人为本的可持续发展之路。

本报告通过构建一个涵盖经济发展、公共服务、居民享有三个主要方面的城市科学发展评估体系，旨在评估中国各地级及以上城市在经济可持续增长、公共服务供给、居民享有领域的发展差异，探究在城市化进程中，从社会财富的创造、财富的分配再到国民实际受益三个循序渐进的环节之间的协同关系，这有助于厘清中国城市化进程中存在的若干问题，政府缺位和错位的各种原因，进而对症下药，逐步实现中国城市基本公共服务均等化，全民共享经济发展成果。

二、以人为本，评价城市发展状况

"城市为人而发展"、"城市让生活美好"等口号，在越来越多场合的出现，引起了人们普遍的共鸣，逐渐地、必然地成为社会的共识，转为人们的追求。这样的追求无论属于回归还是理想，都要求对城市的发展，更新和完善指导理念及相应的评价体系，将当前对城市物态形象疯狂的、几乎变态的追求和欣赏，更多地转向对人的生活和自身发展的真切关注，将以人为本的科学发展观，真正落实为城市的发展观，形成新的、系统的发展评价指标，并构建相应的发展体制和路径。

中国城市发展研究院从2008年开始，运用年度统计指标数据，研究、提出了一套新的系统的城市评价体系，对全国地级及以上城市进行综合分类评价，从科学发展观的角度评价城市发展得失，进行全新的尝试。连续3年的坚持与完善，使评价报告在社会上产生了一定的影响，在获得好评的同时，许多人也提出了非常中肯的、完善性的批评和建议。在各界的热情支持、鼓励下，从2011年开始，我们在沿袭原有分类的基础上，进一步优化了分类体系，主要是从指标的逻辑关系上更加厘清了人与城市的关

---

① 陆铭：《新型城市化应该是人的城市化》，《学习月刊》2013年第3期。

系，以便在分类更加科学的基础上，完善判断和分析的方法，从年度指标的评价排序上更为清晰、更为直接地发现城市与人关系的趋势、特征和主要矛盾等。

现有的城市统计指标涵盖经济、社会、文化等各个领域，我们将这些指标分为三类：第一类是经济发展水平，主要反映经济发展的规模、要素效率、科技进步和外部性，总体是属于生产性指标；第二类是公共服务水平，主要反映政府投入社会公共服务事业的规模和范围，总体属于社会共享类的财富分配指标；第三类是居民实际享有水平，主要反映居民在城市发展中分享到的各种实惠和机会，总体属于城市发展成果最终由居民收获的个人受益类指标。

本报告的评估对象是全国285个（由于数据不全排除拉萨、贵州的毕节、铜仁）地级及以上城市，其中包括4个直辖市、26个省会城市、5个计划单列市，以及其他250个地级市。限于篇幅，本报告仅给出35个主要城市的评估结果，其他地级市的评估结果在本书后面章节给出。同时为了便于研究比较，采用国务院提出的八区域划分，将35个城市划入八个区域，具体见表1-1。

表1-1　　　　　　中国主要城市的区域划分

区域代码	区域	城市
1	东北地区	沈阳、大连、长春、哈尔滨
2	北部沿海	北京、天津、石家庄、济南、青岛
3	东部沿海	上海、南京、杭州、宁波
4	南部沿海	福州、厦门、广州、深圳、海口
5	黄河中游地区	西安、太原、郑州、呼和浩特
6	长江中游地区	合肥、南昌、武汉、长沙
7	西南地区	重庆、成都、贵阳、昆明、南宁
8	西北地区	兰州、西宁、银川、乌鲁木齐

这35个城市的主要统计资料由表1-2给出。可以看出，人口数超过1000万的特大型城市有北京、天津、石家庄、上海、武汉、广州、深圳、重庆、成都9个，人口在500—1000万之间的大型城市有沈阳、大连、长春、哈尔滨、南京、杭州、宁波、合肥、福州、南昌、济南、青岛、郑州、长沙、南宁、昆明、西安17个，人口为150—500万的中型城市有太原、呼和浩特、厦门、海口、贵阳、兰州、西宁、银川、乌

鲁木齐9个①。其中，人均GDP最高的是深圳，达到110421元/人，最低的是贵阳，仅为31712元/人，两城相差达3.5倍；城市化率最高的是厦门、深圳、海口，达到100%，最低的是石家庄，仅为28%；建成区面积最大的是北京，达到1231平方公里，市区人口密度最高的是上海，达到2.67万人/平方公里，建成区面积最小的是西宁，仅为75平方公里，市区人口密度最低的是乌鲁木齐，为7100人/平方公里。可见，中国的城市之间，无论是规模、人口密度，还是城市化率、经济发展水平，都存在较大差异。

表1-2　　　　　　　　　2011年中国主要城市统计资料

城市	总人口（常住人口，万人）	城市化率（市区人口/总人口,%）	人均GDP（元/人）	建成区面积（市辖区，平方公里）	市区人口密度（万人/平方公里）
北京市	2019	80	81658	1231	1.31
天津市	1355	86	85213	711	1.64
石家庄市	1028	28	39919	210	1.37
太原市	424	80	49292	300	1.13
呼和浩特市	291	69	75266	174	1.15
沈阳市	723	72	72648	430	1.21
大连市	589	63	91295	390	0.95
长春市	768	48	52649	418	0.88
哈尔滨市	993	55	42736	367	1.49
上海市	2347	97	82560	886	2.57
南京市	811	89	76263	637	1.13
杭州市	874	72	101370	433	1.45
宁波市	763	46	105334	285	1.23
合肥市	752	40	48540	360	0.84
福州市	720	41	52152	232	1.27
厦门市	361	100	70832	246	1.47
南昌市	509	47	53023	208	1.15
济南市	689	64	64310	355	1.24
青岛市	880	43	75546	292	1.3
郑州市	886	49	56855	355	1.22

---

① 关于城市规模的划分参考了《迎接中国十亿城市大军》，麦肯锡全球研究院，2009年3月。

续表

城市	总人口（常住人口，万人）	城市化率（市区人口/总人口,%)	人均GDP（元/人）	建成区面积（市辖区，平方公里）	市区人口密度（万人/平方公里）
武汉市	1002	67	68315	506	1.33
长沙市	709	44	79530	306	1.02
广州市	1275	87	97588	990	1.12
深圳市	1047	100	110421	841	1.24
南宁市	673	52	33017	293	1.19
海口市	210	100	35669	98	2.14
重庆市	2919	54	34500	1035	1.52
成都市	1407	55	49438	483	1.6
贵阳市	439	70	31712	162	1.9
昆明市	649	55	38831	298	1.2
西安市	851	77	39176	343	1.91
兰州市	362	73	45475	197	1.34
西宁市	223	48	37570	75	1.43
银川市	203	65	34743	126	1.05
乌鲁木齐市	321	85	48964	384	0.71

注：因为数据限制，未包含拉萨。城市化率按2010年人口普查数据计算，大连由于数据缺失，用非农人口除以户籍人口代替城市化率。

为获得量化的、时间和空间上可比的城市科学发展指数，需要对各原始指标进行标准化，具体方法由下面的公式给出：

$$\widehat{X}_{it} = (X_{it} - \mu_{it})/\sigma_{it}$$

$$X_{it}^* = (\widehat{X}_{it} - \min(\widehat{X}_{it}))/(\max(\widehat{X}_{it}) - \min(\widehat{X}_{it}))$$

其中，X_{it}是指标原值，μ_{it}是该指标所有样本的均值，σ_{it}是该指标所有样本的标准差。对于变动方向与科学发展指数相反的指标，进一步用$1 - X_{it}^*$进行调整。

指标的赋权方法很多，不同的方法可能产生不同的结果，应该采用相同权重还是不同权重，仍然是值得探讨的问题。本报告在借鉴相关文献的基础上采用均权方法，利用简单算术平均公式来计算每个子系统的指数以及最终的科学发展指数。

三、城市科学发展评估的主要结果

本报告用科学发展指数来刻画城市的总体发展水平，由于进行了标准化处理，因此，这一指数在空间和时间维度上均具有可比性。表1-3报告了2009—2011年中国各直辖市、省会城市、计划单列市（共35个城市）的科学发展指数。表1-4、1-6、1-8分别报告了代表经济发展水平、公共服务水平和居民享有水平的三项分指数。

（一）主要城市科学发展指数的变化趋势

从总体趋势来看：2009—2011年，中国主要城市的科学发展指数均值从0.35上升到0.42，增长了20%。除合肥以外的所有城市的发展指数都在稳步上升，这表明中国主要大城市在发展方面总体而言是成功的。南昌、贵阳、西宁等欠发达城市的增幅超过了40%，北京、上海、深圳、广州等发达城市的上升则相对平缓。唯一指数下降的城市是合肥，这也是受影响于2011年合肥进行的行政区划的调整，新增庐江县和（县级）巢湖市，致使相关指标受到拖累有所下降。

从区域比较来看，科学发展指数呈现明显的东高西低。东部沿海、北部沿海、南部沿海的大部分城市发展水平高于全国平均，黄河中游、西北、西南地区的所有城市发展指数均低于全国平均。发展指数最高的厦门（2011年为0.73）是发展指数最低的西宁（2011年为0.22）的3.3倍。近三年来，增长最快的是西南地区，西南地区城市的指数增幅达到30%，增幅较大的城市依次是西宁、贵阳、南昌，均超过了40%。

表1-3　　　　　　　　中国主要城市的科学发展指数

城市	2009年	2010年	2011年	变化率（%）
北京市	0.56	0.57	0.61	10
天津市	0.42	0.46	0.49	18
石家庄市	0.28	0.31	0.33	18
太原市	0.32	0.35	0.36	13
呼和浩特市	0.32	0.34	0.36	14
沈阳市	0.41	0.44	0.48	18
大连市	0.43	0.46	0.51	19
长春市	0.28	0.33	0.36	28
哈尔滨市	0.25	0.29	0.33	29
上海市	0.51	0.54	0.56	10
南京市	0.41	0.45	0.51	26
杭州市	0.48	0.53	0.60	24
宁波市	0.46	0.50	0.58	26

续表

城市	2009年	2010年	2011年	变化率（%）
合肥市	0.29	0.32	0.28	-3
福州市	0.33	0.37	0.42	28
厦门市	0.58	0.66	0.73	26
南昌市	0.26	0.31	0.36	40
济南市	0.36	0.40	0.45	25
青岛市	0.40	0.43	0.47	20
郑州市	0.34	0.34	0.38	11
武汉市	0.34	0.38	0.41	23
长沙市	0.40	0.44	0.46	16
广州市	0.49	0.51	0.55	12
深圳市	0.56	0.59	0.62	11
南宁市	0.20	0.25	0.27	31
海口市	0.32	0.34	0.39	21
重庆市	0.24	0.27	0.30	29
成都市	0.29	0.33	0.37	28
贵阳市	0.20	0.24	0.29	42
昆明市	0.30	0.32	0.37	25
西安市	0.28	0.31	0.34	22
兰州市	0.25	0.26	0.29	15
西宁市	0.15	0.19	0.22	46
银川市	0.30	0.29	0.32	5
乌鲁木齐市	0.30	0.35	0.36	18
东北地区	0.34	0.38	0.42	23
北部沿海	0.40	0.43	0.47	16
东部沿海	0.47	0.51	0.56	21
南部沿海	0.46	0.49	0.54	19
黄河中游地区	0.32	0.34	0.36	14
长江中游地区	0.32	0.36	0.38	17
西南地区	0.25	0.28	0.32	30
西北地区	0.25	0.27	0.30	19
平均值	0.35	0.38	0.42	20

（二）主要城市经济发展指数的变化趋势

考察反映城市经济发展水平的分指数发现：经济发展指数最高的城市是宁波（0.60），其次是深圳（0.59）和厦门（0.59）；经济发展指数最低的城市是重庆（0.21）、贵阳（0.21）。表1-5列出了这些城市经济发展子系统的各分项得分，可以看出，人均GDP的高低以及科技先进性的差异可以解释经济发展指数差异的大部分。

比较近三年的增幅，西南地区城市的经济发展状况改善显著，特别是重庆、贵州以及南宁三个城市，分别增长了58%、46%、46%。究其原因，人均GDP的大幅提升，产业结构调整带来的"三废"排放大幅下降，是城市经济发展指数提升的主要原因。相比较而言，沿海的经济增长有所放缓，特别是南部沿海，增幅低于全国平均水平。

表1-4　　　　　　　　中国主要城市的经济发展指数

城市	2009年	2010年	2011年	变化率（%）
北京市	0.46	0.49	0.48	5
天津市	0.44	0.47	0.53	21
石家庄市	0.29	0.33	0.36	23
太原市	0.27	0.30	0.31	16
呼和浩特市	0.31	0.33	0.35	12
沈阳市	0.43	0.46	0.50	16
大连市	0.49	0.52	0.55	13
长春市	0.30	0.32	0.36	17
哈尔滨市	0.26	0.30	0.32	22
上海市	0.53	0.54	0.54	3
南京市	0.40	0.43	0.50	27
杭州市	0.46	0.50	0.54	18
宁波市	0.49	0.54	0.60	22
合肥市	0.36	0.40	0.36	2
福州市	0.35	0.38	0.40	15
厦门市	0.52	0.56	0.59	15
南昌市	0.30	0.32	0.34	11
济南市	0.38	0.40	0.43	13
青岛市	0.47	0.50	0.54	14
郑州市	0.31	0.33	0.34	7
武汉市	0.34	0.37	0.40	18

续表

城市	2009 年	2010 年	2011 年	变化率（%）
长沙市	0.46	0.50	0.50	8
广州市	0.48	0.49	0.53	10
深圳市	0.59	0.62	0.59	0
南宁市	0.16	0.19	0.23	46
海口市	0.28	0.31	0.32	15
重庆市	0.13	0.18	0.21	58
成都市	0.28	0.32	0.35	24
贵阳市	0.15	0.18	0.21	46
昆明市	0.25	0.23	0.26	8
西安市	0.26	0.28	0.31	17
兰州市	0.22	0.24	0.24	13
西宁市	0.18	0.18	0.22	17
银川市	0.22	0.20	0.22	2
乌鲁木齐市	0.25	0.34	0.37	49
东北地区	0.37	0.40	0.43	17
北部沿海	0.41	0.44	0.47	15
东部沿海	0.47	0.50	0.55	16
南部沿海	0.44	0.47	0.49	9
黄河中游地区	0.29	0.31	0.33	14
长江中游地区	0.37	0.40	0.40	10
西南地区	0.19	0.22	0.25	30
西北地区	0.22	0.24	0.26	21
平均值	0.34	0.37	0.40	15

表 1-5　　2011 年代表性城市的经济发展子系统得分

城市	经济发展总水平	发展要素利用效率	科技先进性	发展外部效应
宁波市	0.69	0.55	0.47	0.67
厦门市	1	0.28	0.52	0.58
深圳市	0.73	0.46	0.41	0.75
重庆市	0.08	0.13	0.08	0.54
贵阳市	0.08	0.13	0.16	0.48

（三）主要城市公共服务指数的变化趋势

考察反映城市公共服务水平的分指数发现：厦门公共服务指数高达0.84，北京亦达到0.62，而公共服务水平较低的石家庄、南宁，这一指数值则只有0.14。表1-7列出了这些城市公共服务子系统的各分项得分，可以看出，公共服务水平区际不均等现象非常突出。城市间公用服务指数的差异主要由财政公共投入、社会保障范围的巨大差异导致。

比较近三年的增幅，重庆、南宁等西南地区城市以及海口、福州等南部沿海城市的公共服务水平有了较大幅度提升，这主要得益于政府财政公共支出的大幅提升。值得注意的是，郑州、乌鲁木齐两个城市的公共服务指数小幅下降。分析其原因，主要是公共基础设施供给增加速度不及城市常住人口的增长幅度，从而使得公共项目人均占有水平下降。

表1-6　　　　　　　　中国主要城市的公共服务指数

城市	2009年	2010年	2011年	变化率（%）
北京市	0.53	0.54	0.62	17
天津市	0.26	0.29	0.34	29
石家庄市	0.13	0.15	0.17	36
太原市	0.26	0.28	0.28	7
呼和浩特市	0.19	0.21	0.26	32
沈阳市	0.31	0.33	0.37	19
大连市	0.32	0.36	0.42	34
长春市	0.19	0.21	0.26	36
哈尔滨市	0.15	0.16	0.21	40
上海市	0.37	0.39	0.44	18
南京市	0.30	0.34	0.39	31
杭州市	0.36	0.43	0.50	37
宁波市	0.34	0.37	0.48	43
合肥市	0.17	0.15	0.19	17
福州市	0.15	0.18	0.22	46
厦门市	0.58	0.71	0.84	44
南昌市	0.13	0.18	0.22	61
济南市	0.21	0.26	0.30	42
青岛市	0.22	0.26	0.31	42
郑州市	0.19	0.15	0.19	-1
武汉市	0.28	0.29	0.33	19

续表

城市	2009 年	2010 年	2011 年	变化率（%）
长沙市	0.19	0.21	0.23	18
广州市	0.28	0.31	0.38	34
深圳市	0.31	0.35	0.42	35
南宁市	0.08	0.12	0.14	87
海口市	0.16	0.20	0.28	74
重庆市	0.10	0.11	0.18	89
成都市	0.16	0.16	0.21	34
贵阳市	0.11	0.13	0.18	55
昆明市	0.25	0.25	0.28	11
西安市	0.19	0.22	0.26	37
兰州市	0.21	0.22	0.23	10
西宁市	0.10	0.16	0.18	85
银川市	0.24	0.23	0.27	13
乌鲁木齐市	0.27	0.29	0.26	-3
东北地区	0.24	0.27	0.32	30
北部沿海	0.27	0.30	0.35	29
东部沿海	0.34	0.38	0.45	32
南部沿海	0.30	0.35	0.43	45
黄河中游地区	0.21	0.22	0.25	19
长江中游地区	0.19	0.21	0.24	26
西南地区	0.14	0.15	0.20	41
西北地区	0.21	0.23	0.24	15
平均值	0.24	0.26	0.31	31

表 1－7　　2011 年代表性城市的公共服务子系统得分

城市	财政公共投入	公共项目规模	社会保障范围
北京市	0.91	0.48	0.46
厦门市	0.9	0.61	1
南宁市	0.17	0.2	0.06
石家庄市	0.14	0.32	0.05

（四）主要城市居民享有指数的变化趋势

考察反映城市居民享有水平的分指数：居民享有指数最高的城市是深

圳（0.85），其次是厦门（0.76）；居民享有指数最低的城市是西宁（0.26），其次是合肥（0.28）。表1-9列出了这些城市居民享有水平子系统的各分项得分，居民享有水平较高的城市，无论收入、就业，还是生活环境、消费水平都显著高于居民享有水平较低的城市。

比较近三年的增幅，西南地区城市的居民享有改善最为显著，沿海城市的改善相对缓和。居民享有指数增幅较大的城市有南昌（57%）、西宁（54%）、昆明（43%）。收入和消费支出的提升是这些城市居民享有指数上升的主要原因。值得注意的是，2011年，合肥市的居民享有指数相比2009年下降了17%，分析发现，居住环境恶化、失业率上升是主要的原因。

表1-8　　　　中国主要城市的居民实际享有水平指数

城市	2009年	2010年	2011年	变化率（%）
北京市	0.68	0.69	0.74	9
天津市	0.56	0.60	0.62	10
石家庄市	0.42	0.46	0.46	9
太原市	0.43	0.47	0.50	16
呼和浩特市	0.45	0.48	0.49	9
沈阳市	0.48	0.53	0.57	19
大连市	0.48	0.50	0.55	15
长春市	0.35	0.44	0.46	32
哈尔滨市	0.34	0.42	0.44	30
上海市	0.63	0.68	0.70	11
南京市	0.53	0.58	0.65	23
杭州市	0.62	0.66	0.75	20
宁波市	0.56	0.59	0.66	18
合肥市	0.34	0.40	0.28	-17
福州市	0.48	0.54	0.63	32
厦门市	0.64	0.71	0.76	19
南昌市	0.33	0.43	0.52	57
济南市	0.48	0.54	0.61	26
青岛市	0.49	0.52	0.57	15
郑州市	0.51	0.54	0.61	18
武汉市	0.39	0.47	0.51	30
长沙市	0.54	0.60	0.66	23

续表

城市	2009年	2010年	2011年	变化率（%）
广州市	0.70	0.73	0.74	6
深圳市	0.77	0.80	0.85	10
南宁市	0.38	0.43	0.43	14
海口市	0.53	0.53	0.57	8
重庆市	0.48	0.51	0.52	9
成都市	0.44	0.52	0.56	28
贵阳市	0.35	0.42	0.47	36
昆明市	0.40	0.47	0.57	43
西安市	0.38	0.42	0.45	17
兰州市	0.34	0.34	0.40	20
西宁市	0.17	0.24	0.26	54
银川市	0.44	0.44	0.45	2
乌鲁木齐市	0.39	0.41	0.44	13
东北地区	0.41	0.47	0.51	22
北部沿海	0.53	0.56	0.60	14
东部沿海	0.59	0.63	0.69	18
南部沿海	0.62	0.66	0.71	14
黄河中游地区	0.44	0.48	0.51	16
长江中游地区	0.4	0.48	0.49	23
西南地区	0.41	0.47	0.57	43
西北地区	0.34	0.36	0.39	17
平均值	0.47	0.52	0.56	18

表1-9　2011年代表性城市的居民享有子系统得分

城市	收入水平	生活环境	就业水平	消费水平
深圳市	0.93	0.87	1	0.58
厦门市	0.57	0.86	0.82	0.80
西宁市	0.11	0.37	0.35	0.23
合肥市	0.23	0.51	0	0.38

四、城市化与城市科学发展之间的关系

本报告利用皮尔森相关分析来研究城市化和城市科学发展之间的关

系。我们选择了以下三种因素：（1）驱动城市化进程的社会经济因素。毋庸置疑，人口是城市化进程的核心驱动力。此外，人均GDP能够很大程度地反映城市的经济发展水平。（2）城市化进程中的公共服务供给情况。我们选择了科学支出占财政支出的比重、人均教育支出、宽带覆盖率、人均卫生医疗支出、人均社会保障与就业支出、人均道路面积、人均绿地面积7个公共服务领域的指标分别反映地方政府在科学、教育、文化、卫生、社会保障、城市基础设施、城市环境等方面的公共服务供给。（3）城市化带来的国民福利变化。我们选择了城镇居民人均可支配收入、城乡收入比这两个体现居民福利的代表性指标。

表1-10　　　　　　　　　　　　　相关性分析的结果

		人口	人均GDP	科学支出占财政支出的比重	人均教育支出	宽带覆盖率	人均卫生医疗支出	人均社会保障与就业支出	人均道路面积	人均绿地面积	城镇居民人均可支配收入	城乡收入比
社会经济发展	人口	1	1									
	人均GDP	0.18	1									
公共服务供给	科学支出占财政支出的比重	0.32**	0.69**	1								
	人均教育支出	0.21*	0.67**	0.58**	1							
	宽带覆盖率	-0.05	0.48**	0.26**	0.64**	1						
	人均卫生医疗支出	0.28**	0.65**	0.59**	0.92**	0.48**	1					
	人均社会保障与就业支出	0.33**	0.54**	0.45**	0.68**	0.38**	0.68**	1				
	人均道路面积	-0.15	0.47**	0.34**	0.15	0.1	0.11	0.15	1			
	人均绿地面积	0.03	0.41**	0.41**	0.40**	0.44**	0.36**	0.23**	0.39**	1		
居民实际享有	城镇居民人均可支配收入	0.29**	0.86**	0.63**	0.72**	0.40**	0.74**	0.46**	0.42**	0.45**	1	
	城乡收入比	-0.04	-0.65**	-0.60**	-0.36**	-0.30**	-0.2*	-0.35**	-0.24*	-0.39**	1	

注：*代表在5%水平下显著，**代表在1%水平下显著。

首先，代表城市规模的人口数量指标与部分公共服务指标（科学支出比重、人均教育支出、人均卫生医疗支出、人均社会保障与就业支出）以及城镇居民收入呈现显著的正相关性。而人均GDP与所有的公共服务指标均呈现显著的正相关性，并且与居民实际享有指标也高度相关。这表明，推进城市化进程、扩大城市规模有利于提高公共服务供给效率，但对于从根本上改善居民实际享有水平并没有直接的影响。提升城市经济发展水平则是改善公共服务供给能力、改善收入的城乡分配状况以及提高居民实际收入水平的直接动力。

其次，所有的公共服务供给指标均与城镇居民人均可支配收入显著正相关，与城乡居民收入比显著负相关。这说明，科技、教育、医疗等公共服务水平的提升对于提高居民实际享有发挥着重要作用。

在城市化进程中，经济发展、公共服务提升、居民实际享有三个系统之间存在着明显的同步变化关系。

五、中国城市发展中存在的若干问题剖析

从上述的指数分析和相关性分析，我们能大致看出中国城市发展的中长期趋势。但受制于有限的数据，城市发展进程中的一些结构性问题，仍然难以在指标体系中得到反映，例如，基本公共服务未覆盖大量农业转移人口，城市管理水平的提升跟不上快速城市化进程的需要，城市土地盲目扩张导致的空间失序，等等。

（一）主要问题

1. 农业转移人口市化受阻

大量的农业转移人口为城市发展做出了巨大的贡献，却没有获得同城市居民均等的福利待遇。据统计，2012年全国农民工总量为26261万人，其中外出农民工数量为16336万人。北京市超过30%，上海市近40%，深圳市近75%是外来非本地户籍人口。按照我国目前的统计口径，是将居住在城镇半年以上的农村人口列为城镇人口，因此，大量农民工被纳入城镇人口的统计范围，但这些农村户籍人口并不是真正意义上的城镇人口，其在劳动就业、工资福利、子女就学、社会保障方面无法享受与城镇居民同等的待遇。大多数进城务工的农民工逐步被边缘化或者住在"城中村"，生活条件十分恶劣。有专家估计，这类"半城市化"人口城市化率的虚高作用在10个百分点以上。[①] 这种"城市化"是一种典型的不完全城市化，或者说只是统计意义上的城市化。

2. 城市管理能力滞后

由于缺乏合理的规划和引导，迅速增加的人口给城市发展、资源环境

---

① 倪建伟、胡彩娟：《基于扩大内需背景的城市化战略创新研究》，《区域与城市经济》2011年第3期。

承载以及公共服务供给等带来巨大压力,使得城市生活环境质量下降,城市社会管理混乱。以北京市为例,按照2003年修编的《北京城市总体规划(2004—2020)》中的要求,"到2020年,北京实际居住人口控制在1800万人"。但事实上早在2009年北京市常住人口就超出了2020年的规划范围,到目前为止已突破2000万。伴随外来人口的大规模流入,在京接受义务教育的来京务工人员随迁子女已由2000年的9万多人增长到2011年的52.9万人,占学生总数的31%。全市年均用水约36亿立方米,超出年均可利用水资源近10亿立方米;汽车保有量的逐年激增使得交通拥挤现象严重,大大增加了居民的通勤成本,汽车尾气排放使得空气质量越来越差;居高不下的房价使得年轻人不堪重负……资源、环境、人口、社会管理的压力严重影响了城市形象和可持续发展的能力。

3. 城市空间失序

城市固定资产投资的逐年递增导致了城市规模的迅速扩张,突出表现就是大规模圈地建新城、建开发区、建大学城,粗放型的土地利用模式导致空间无序开发现象严重。吴敬琏在其著作《中国增长模式的抉择》中指出,香港的GDP是深圳的7倍,香港的可用土地只使用了22%,深圳却已经无地可用。陆大道院士早在2006年就提出了对"摊大饼"式的"造城运动"的担忧,他认为城镇化的空间失控现象明显,形成了分散和蔓延式的扩张,是城镇化的大冒进。如果不加以遏制,将影响未来城市的可持续发展。但目前,不少地方政府仍热衷于城市规模的扩张。

同时,我国目前城市规模的快速扩张与空间结构优化并不同步。以北京市为例,根据一项调查,北京交通拥堵时间已达每天5小时,北京市民的通勤时间是每天1.32小时,居全国之首。一些政府官员和学者认为机动车拥有量太大和人口太多是造成这一恶果的罪魁祸首。然而,事实上,北京市人口密度和机动车密度相比新加坡、东京、中国香港等世界大都市而言并不高,主要问题还是在生活、居住、就业的空间资源分布上失序。① 具体表现为公共服务资源过度集中于中心城区,比如,主要的医疗、教育、文化资源均分布在中心城区,而非中心城区的居住用地比重过高、产业发展不足、公共服务和生活娱乐设施缺乏,如通州、回龙观、天通苑等地区被建设成了只能提供居住和简单生活购物的"睡城"。

---

① 李晓鹏:《从北京看城市空间失序》,《中国经济报告》,http://www.guozhicn.cn/guozhiContent.jsp? htmlpath = WebContent \ Publication \ EconomicReport \ Html \ 1921.html。

(二) 制度障碍

1. 城乡二元的户籍和土地制度

城乡二元户籍制度之所以成为制约我国城市发展的制度障碍，不在于其对农业户口和非农业户口的区分，而在于其户籍上所附加的各项福利制度。虽然自改革开放以来，各地政府一直在探索城乡二元户籍制度改革方案，尤其是从2003年开始，我国先后有河北、辽宁、江苏、浙江、福建、山东、湖北、湖南、广西、重庆、四川、陕西、云南等13个省市相继取消了对农业农户和非农业户口性质的划分，统一登记为本地居民户口。但这些改革举措并没有从根本上撼动户籍制度所附加的各项福利待遇，居民仍被划分为城镇居民和农村居民，享受差别化的待遇和机会。户籍制度的两大传统功能虽然有所弱化，但依然在发挥作用：一是保护城市劳动者优先获得就业机会，二是排斥农村迁移者均等享受城市各项社会福利待遇。

由于历史原因，我国形成了城市土地国家所有、农村土地集体所有的城乡二元土地制度。农村土地集体所有制的模糊产权使得农民无法从土地使用权等权益的流转中获得长期的增值收入。虽然国家通过《农村土地承包法》、《农村土地承包经营权流转管理办法》、《物权法》等法律制度，规定土地流转要采取依法、自愿、有偿的原则，且不得改变土地所有权性质、不得改变土地的农业用途、不得损害农民利益、不得超过承包期剩余期限，并规定可采取转包、出租、互换、转让、股份合作制等流转方式。但在具体实践过程中，由于中央政府、地方政府和农户三大主体对土地的功能差异，处于弱势地位的农民的权益得不到应有的保护，"强制"或"半强制"的做法、损害农民利益的行为时有发生。中央政府追求的目标是通过增加农民收入缩小城乡收入差距，并确保国家粮食安全；地方政府追求的目标是通过征地获得财政收入，并通过土地开发投资促进GDP的增长以提高政府绩效；农民追求的目标是增加收入，并获得稳定的社会保障。虽然《土地管理法》规定，属于农民集体所有的土地主要由村集体经济组织或者村民委员会来经营、管理。但现实情形是，村集体经济组织实际上并不存在，而村民委员会属于准行政组织，其干部任命一般都是由上一级政府委派。这种模糊的产权使得地方政府在多方博弈中影响力最强，在征地和土地流转过程中获得较多收益，而农民的影响力最弱，无法获得持久的保障。

2. 政府职能错位

中国的城市化进程由政府主导，是一种"自上而下"的模式。地方政府的权威往往决定了城市的规模和产业结构，许多官员按照自己的意愿和自己对"城市化"的理解，运用行政权力来"经营城市"。以GDP为核心的考核机制进一步强化了地方政府在城市产业选择、场馆建设方面的热情，但却忽视了公共品的提供、民生的改善以及城市空间结构的优化。

六、结语

尽管口径不一的、有限的数据制约了研究的深入，但从现有的评估结果，我们依然可以发现一些趋势：

1. 2009—2011年，除合肥以外的所有主要城市均在科学发展方面取得了不同程度的进步，进步最快的是西宁、贵阳、南昌等发展相对落后的城市，其意味着城市发展的相对差距有所缩小；

2. 尽管如此，城市之间和区域之间的发展差异仍然是显著的，发展指数最高的城市（厦门）是发展指数最低城市（西宁）的3.3倍（2011年），发展指数最高的区域（东部沿海）是发展指数最低的区域（西北地区）的接近2倍；

3. 在城市化进程中，城市的经济发展、公共服务供给、居民实际享有水平之间存在着明显的同步变化关系。只有实现从财富创造、财富分配到国民实际受益三个环节的协调同步，城市化才能朝着可持续、以人为本的方向健康发展。

若进一步深入到城市发展的结构性问题，我们认为，农业转移人口市民化受阻、城市管理能力滞后、城市空间失序是当前影响城市科学发展的主要问题，唯有坚定地推进户籍和土地制度改革，改变威权主义的发展模式，重新界定政府的职能，才可能在城市化的进程中实现城市发展水平的不断提升。

（本报告参与人员：指导：杨旭、袁崇法、白南风；执笔：董继红；数据处理：刘至贺、郑樱）

第二部分　评价体系编制及调整说明

《2013中国城市科学发展综合评价报告》体例编制及调整说明

自 2008 年首部《中国城市科学发展综合评级报告》（2009 年始更名为《中国城市科学发展综合评价报告》）（以下简称《报告》）出版以来，每年都会根据当年的实际状况，针对编制体例的调整或变化作出必要的说明。

2011 年起，《报告》在连续 3 年的研究探索基础上，综合社会各界，尤其是领域专家、行业学者的反馈与建议，对原有评价体系的架构组合进行了较大幅度的调整，《报告》本身的版块及内容也作出了相应的设计与变化。对此，我们以上年度编制说明为基础，对本年度《报告》的编制体例再做一次全面、完整的梳理与说明，以使广大读者朋友们始终保持一个清晰的脉络。

一、调整原则

《报告》是以中国城市发展研究院的重大成果之一，经多年深入研究设计，拥有自主知识产权的《中国城市科学发展综合评级体系（E&G）设计》为基础编写而成。E&G 体系经过专家的多次论证和时间的反复检验，已被证明是科学、有效、务实的城市评价体系。

但是，随着我们关注主题、分析方向的逐渐明晰化和定向化，以及城市发展进程中逐渐呈现出的阶段性特征，必然要对原有的评价体系及其架构进行适应性调整，这种调整不是颠覆性的，而是在原有基础上作出的延续性的完善与优化。

《报告》的整套评价系统，依然采用国家统计部门等官方机构公布的权威数据，从最广泛公众的角度出发，设计最简单明了的代表指标来体现我们的研究理念，而不创建新的、复杂的模型，便于更多的人理解并接受。

二、指导思想

科学发展观，其核心是"以人为本"。自2011年起，《报告》将密切关注民生问题，始终围绕"城市与人"这一研究主线展开分析与评价，并据此选择各相关专项课题进行深入研究。为此，我们在沿袭原有评价系统的分类基础上，进一步优化了分类体系，主要是从指标的逻辑关系上，更加清晰地表述出城市与人的关系，更具针对性地完善判断与分析方法，从年度指标的评价排序上更为直观地发现城市与人的关系的趋势、特征和主要矛盾等。

三、调整说明

1. 体系结构图

➢ 原有体系结构：

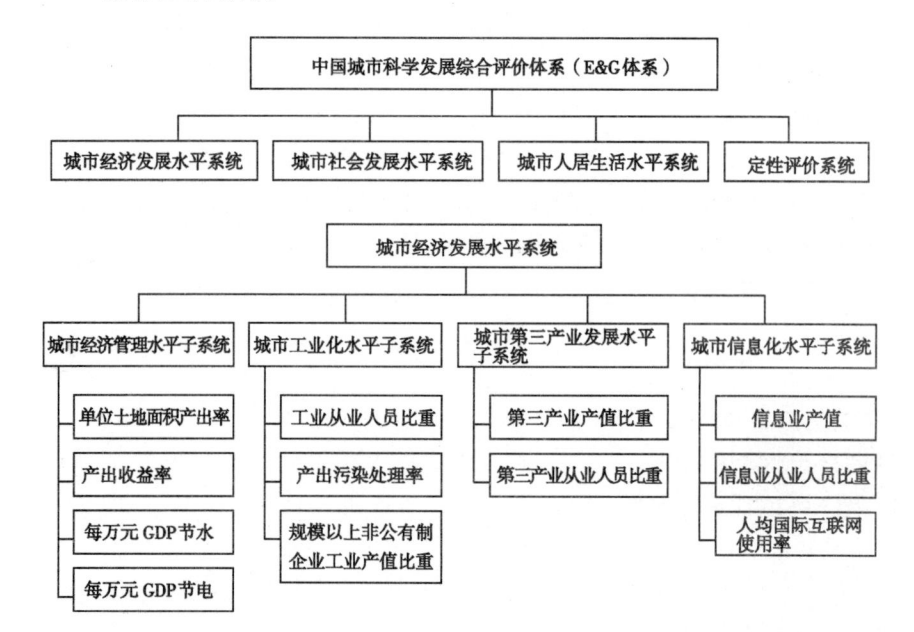

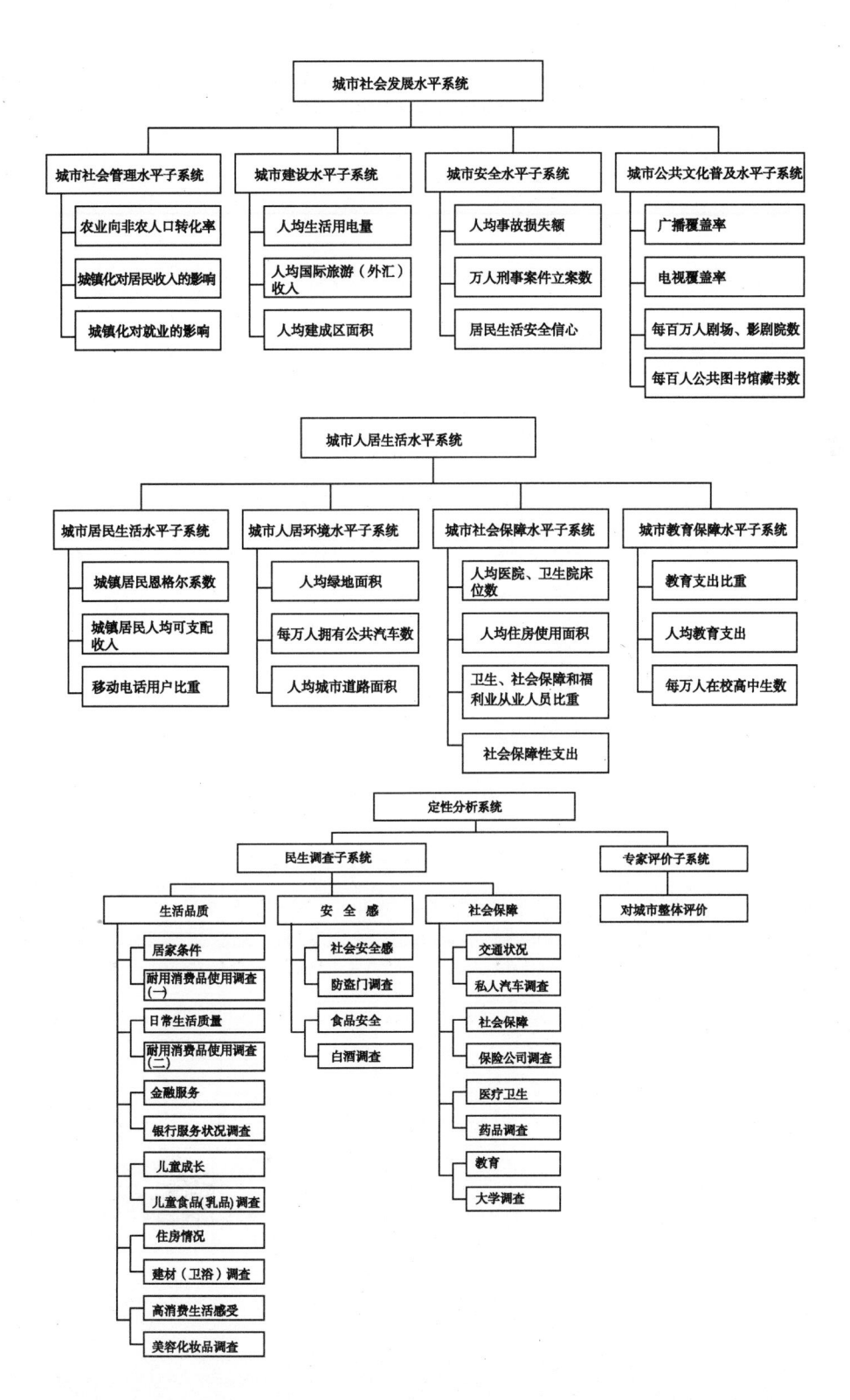

```
                        ┌─────────────────────┐
                        │  城市社会发展水平系统  │
                        └──────────┬──────────┘
        ┌──────────────────┬───────┴────────┬──────────────────────┐
┌───────┴────────┐ ┌───────┴────────┐ ┌─────┴──────┐ ┌─────────────┴──────────┐
│城市社会管理水平子系统│ │城市建设水平子系统 │ │城市安全水平子系统│ │城市公共文化普及水平子系统│
└───────┬────────┘ └───────┬────────┘ └─────┬──────┘ └─────────────┬──────────┘
  ┌─────┴─────┐      ┌─────┴─────┐     ┌─────┴─────┐          ┌────┴────┐
  │农业向非农人口│      │人均生活用电量│    │人均事故损失额│       │ 广播覆盖率 │
  │  转化率   │      └───────────┘     └───────────┘          └─────────┘
  └───────────┘      ┌───────────┐     ┌───────────┐          ┌─────────┐
  ┌───────────┐      │人均国际旅游 │    │万人刑事案件立案数│    │ 电视覆盖率 │
  │城镇化对居民收入│     │（外汇）收入 │     └───────────┘          └─────────┘
  │  的影响   │      └───────────┘     ┌───────────┐          ┌─────────────┐
  └───────────┘      ┌───────────┐     │居民生活安全信心│      │每百万人剧场、│
  ┌───────────┐      │人均建成区面积│    └───────────┘          │  影剧院数  │
  │城镇化对就业的│      └───────────┘                          └─────────────┘
  │   影响   │                                              ┌─────────────┐
  └───────────┘                                              │每百人公共图书│
                                                              │  馆藏书数  │
                                                              └─────────────┘
```

(此处为"城市社会发展水平系统"结构图，包含城市社会管理水平子系统、城市建设水平子系统、城市安全水平子系统、城市公共文化普及水平子系统及下属各指标。)

"城市人居生活水平系统"结构图：

- 城市居民生活水平子系统
  - 城镇居民恩格尔系数
  - 城镇居民人均可支配收入
  - 移动电话用户比重
- 城市人居环境水平子系统
  - 人均绿地面积
  - 每万人拥有公共汽车数
  - 人均城市道路面积
- 城市社会保障水平子系统
  - 人均医院、卫生院床位数
  - 人均住房使用面积
  - 卫生、社会保障和福利业从业人员比重
  - 社会保障性支出
- 城市教育保障水平子系统
  - 教育支出比重
  - 人均教育支出
  - 每万人在校高中生数

"定性分析系统"结构图：

- 民生调查子系统
  - 生活品质
    - 居家条件
    - 耐用消费品使用调查（一）
    - 日常生活质量
    - 耐用消费品使用调查（二）
    - 金融服务
    - 银行服务状况调查
    - 儿童成长
    - 儿童食品(乳品)调查
    - 住房情况
    - 建材（卫浴）调查
    - 高消费生活感受
    - 美容化妆品调查
  - 安全感
    - 社会安全感
    - 防盗门调查
    - 食品安全
    - 白酒调查
  - 社会保障
    - 交通状况
    - 私人汽车调查
    - 社会保障
    - 保险公司调查
    - 医疗卫生
    - 药品调查
    - 教育
    - 大学调查
- 专家评价子系统
  - 对城市整体评价

第二部分 评价体系编制及调整说明

> 调整后的架构：

2011 年中国城市科学发展综合评价体系

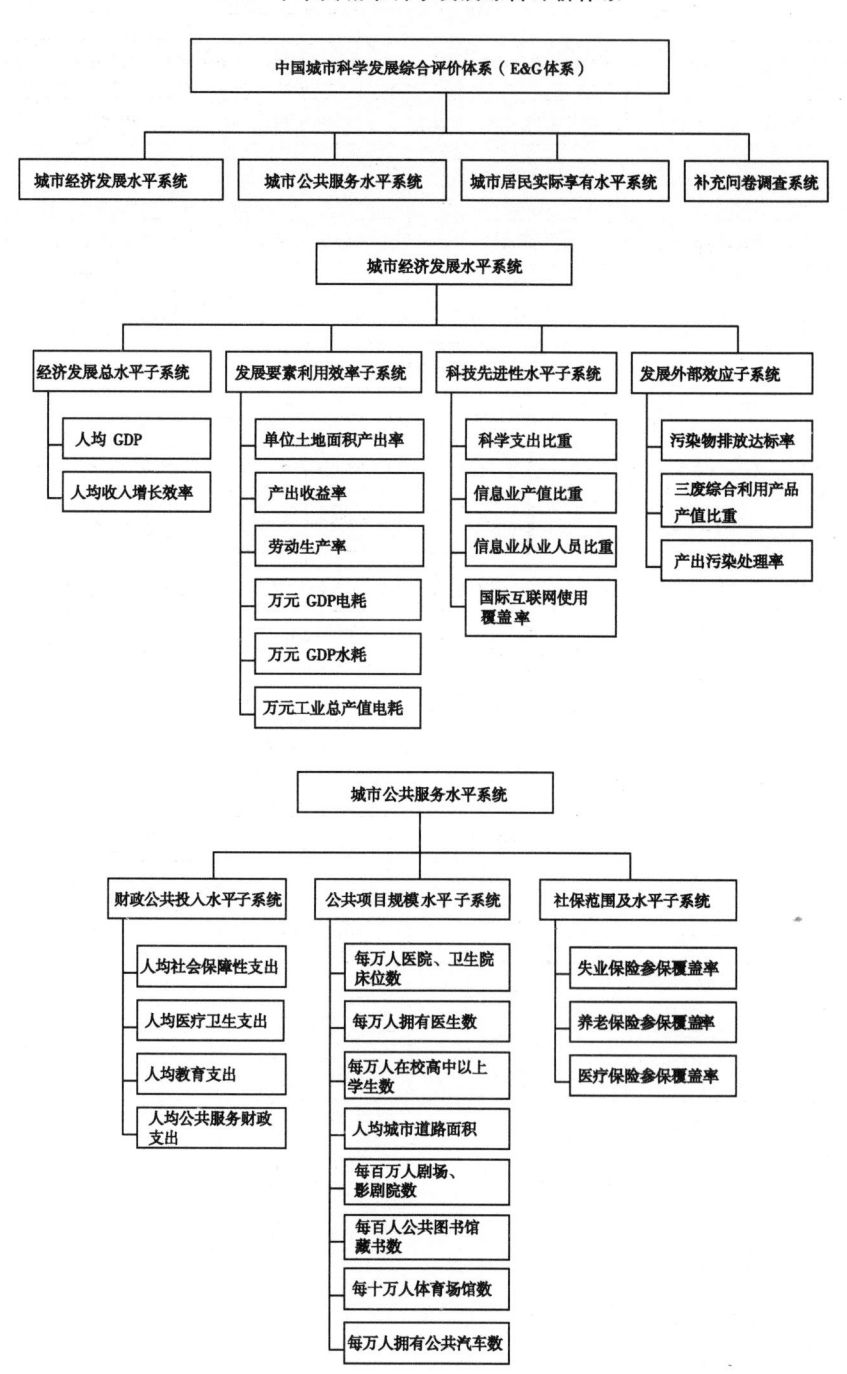

```
中国城市科学发展综合评价体系（E&G体系）
├── 城市经济发展水平系统
├── 城市公共服务水平系统
├── 城市居民实际享有水平系统
└── 补充问卷调查系统
```

城市经济发展水平系统

- 经济发展总水平子系统
  - 人均 GDP
  - 人均收入增长效率
- 发展要素利用效率子系统
  - 单位土地面积产出率
  - 产出收益率
  - 劳动生产率
  - 万元 GDP 电耗
  - 万元 GDP 水耗
  - 万元工业总产值电耗
- 科技先进性水平子系统
  - 科学支出比重
  - 信息业产值比重
  - 信息业从业人员比重
  - 国际互联网使用覆盖率
- 发展外部效应子系统
  - 污染物排放达标率
  - 三废综合利用产品产值比重
  - 产出污染处理率

城市公共服务水平系统

- 财政公共投入水平子系统
  - 人均社会保障性支出
  - 人均医疗卫生支出
  - 人均教育支出
  - 人均公共服务财政支出
- 公共项目规模水平子系统
  - 每万人医院、卫生院床位数
  - 每万人拥有医生数
  - 每万人在校高中以上学生数
  - 人均城市道路面积
  - 每百万人剧场、影剧院数
  - 每百人公共图书馆藏书数
  - 每十万人体育场馆数
  - 每万人拥有公共汽车数
- 社保范围及水平子系统
  - 失业保险参保覆盖率
  - 养老保险参保覆盖率
  - 医疗保险参保覆盖率

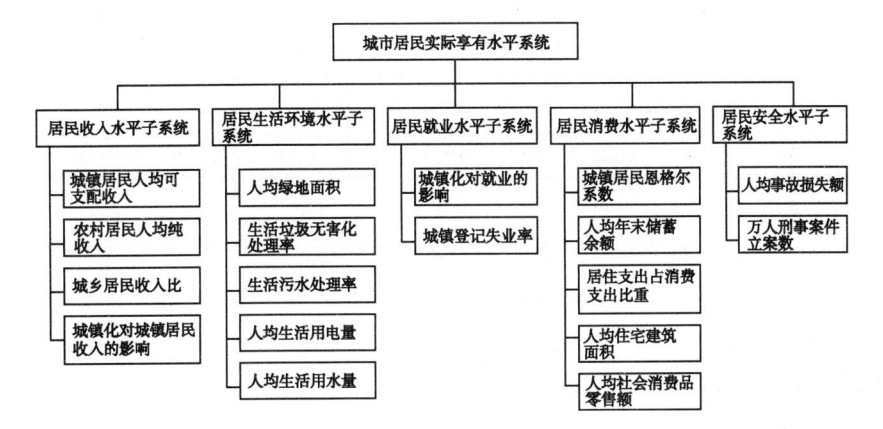

```
                        城市居民实际享有水平系统
        ┌──────────────┬──────────────┬──────────────┬──────────────┐
   居民收入水平子系统  居民生活环境水平子  居民就业水平子系统  居民消费水平子系统  居民安全水平子
                      系统                                              系统
   ┌城镇居民人均可    ┌人均绿地面积    ┌城镇化对就业的   ┌城镇居民恩格尔   ┌人均事故损失额
   │支配收入          │                │影响              │系数
   ├农村居民人均纯    ├生活垃圾无害化                    ├人均年末储蓄    └万人刑事案件
   │收入              │处理率          └城镇登记失业率   │余额              立案数
   ├城乡居民收入比    ├生活污水处理率                    ├居住支出占消费
   │                  │                                  │支出比重
   └城镇化对城镇居民  ├人均生活用电量                    ├人均住宅建筑
     收入的影响        │                                  │面积
                      └人均生活用水量                    └人均社会消费品
                                                          零售额
```

2. 母系统设计

《报告》采用的城市统计指标涵盖经济、社会、文化等各个领域，调整前，我们将这些定量的指标分为经济发展、社会发展、人居生活三大母系统。

调整后的评价体系仍分为三大定量母系统，分别是：

第一类是经济发展水平，主要反映城市经济发展的规模、要素效益、科技先进性和外部影响效应，总体是属于体现完整性的生产类指标；

第二类是公共服务水平，主要反映政府投入社会公共服务事业的财政、项目规模和范围，总体属于社会共享类的财富分配指标；

第三类是居民享有水平，主要反映城乡居民在城市发展中分享到的各项实惠和机会，总体属于城市发展成果最终由居民收获的个人受益类指标。

三类母系统之间的逻辑关系为：一类指标反映的能力决定二类指标的规模和水平，二类指标的规模和水平则是影响三类指标可实现的基础；而三者间的协调程度就是判断城市是否形成了一套科学、有效的分配制度和技术路径，以决定城市居民的受益程度。

由于上述统计指标只是反映可物化、可量化的方面，无法完全地、真实地反映出其背后存在的很多隐蔽性现象与问题。而且，即便是精心设定的第三类母系统，其统计数据仍然是结果性的，不能反映城市居民的实际需求，也就不能以此作为判断居民实际感受的唯一依据。为此，我们设计了一类补充性的、定性类的母系统。

原评价体系中的定性分析系统包括民生调查和专家评价两项，但因为某些缘由尚未执行。调整后的体系取消了原有设定，对城市的定性评价，从2011年开始由问卷取代，这类问卷只做总体评价，不做评级排序，是对城市评价报告的有益补充。

```
              中国城市科学发展综合评价体系（E&G体系）
    ┌──────────────┬──────────────┬──────────────┬──────────────┐
城市经济发展水平系统  城市公共服务水平系统  城市居民实际享有水平系统  补充问卷调查系统
```

母系统是从分类组合角度告知推演结论的出处、所发现问题的类别属性以及城市综合评价依据，是从城市建设、管理角度，对反映城市和人的全面、协调、可持续发展状态以及相应需求满足程度的各项系统的分类组合，包括了城市发展的主要方面。由它产生的指数，是推演城市科学发展综合指数，也即得出评价结论的基础。

3. 子系统设计

拥有标志性主题的母系统，反映的是整体的价值，其下分别设定有相应的各项子系统，反映城市发展中的局部现象。子系统是指标的基础集群，反映出指标设计和选择的走向，是进行科学评价的基础。

我们将各项子系统及其指标在原有基础上重新进行合理调整归类和增减。调整后的E&G体系，定量分析部分的三大母系统仍由十二个子系统组成，每个子系统下也包含对应的数个指标，其构成如下：

序号	子系统名称	子系统指标
1	经济发展总水平	人均GDP
		人均收入增长效率（人均收入增长率与GDP增长率的协调性）
2	发展要素利用效率	单位土地面积产出率（单位建成区面积GDP产出）
		产出收益率（地方财政一般预算内收入与GDP比值）
		劳动生产率（职工人均工业总产值）
		万元GDP电耗
		万元GDP水耗
		万元工业总产值电耗
3	科技先进性水平	科学支出比重
		信息业产值比重
		信息业从业人员比重
		国际互联网使用覆盖率
4	发展外部效应	污染物排放达标率（包括工业废水、SO_2、烟尘）
		三废综合利用产品产值比重
		产出污染处理率（污染处理率与GDP间的比值）

续表

序号	子系统名称	子系统指标
5	财政公共投入水平	人均社会保障性支出
		人均医疗卫生支出
		人均教育支出
		人均公共服务财政支出（上述三项综合）
6	公共项目规模水平	每万人医院、卫生院床位数
		每万人拥有医生数
		每万人在校高中以上学生数
		人均城市道路面积
		每百万人剧场、影剧院数
		每百人公共图书馆藏书数
		每十万人体育场馆数
		每万人拥有公共汽车数
7	社会保障范围及水平	养老保险参保覆盖率
		医疗保险参保覆盖率
		失业保险参保覆盖率
8	居民收入水平	城镇居民人均可支配收入
		农村居民人均纯收入
		城乡居民收入比
		城镇化对城镇居民收入的影响（非农人口转化率与收入增长率的协调度）
9	居民生活环境水平	人均绿地面积
		生活垃圾无害化处理率
		生活污水处理率
		人均生活用电量
		人均生活用水量
10	居民就业水平	城镇化对就业的影响（非农人口转化率与失业人口增长率的协调度）
		城镇登记失业率
11	居民消费水平水平	城镇居民恩格尔系数
		人均年末储蓄余额
		居住支出占消费支出比重
		人均住宅建筑面积
		人均社会消费品零售额
12	居民安全水平	人均事故损失额
		万人刑事案件立案数

4. 权重设计

权重设计即构权，是指在解决多指标之间相互关系和主次程度时，用分解 100% 比例的方式，表现设计者对多指标之间关系或某一指标倾向的态度。

考虑到评价体系中每一项系统，甚至每一项指标，都对评价城市的实际发展状况具有重要的参考意义，因此，调整后的 E&G 体系不再设权重差别，也可以说，实质采取的是均权方式。

5. 综合指数设计

E&G 综合指数由数值构成，每个城市都有不同的综合指数，所有城市综合指数的排序便成为评价活动完成的标志。

综合指数是由指标到子系统、再到母系统推演的最终结果，也是对该城市评价活动的最后结论。不同城市综合指数的对比，实质上构成了城市科学发展的相对标准，即处在发展过程中，线性动态运动选择某一静态时段，对这一时段城市发展所提出的标准。

四、名词释义

1. 中国城市

2013 年度《报告》中涉及到的为全国 288 个地级及以上城市，因数据可得性等原因，暂未包括拉萨、2011 年度设立的贵州毕节市、铜仁市，以及港、澳、台地区城市。

2. 科学发展

源于党中央、国务院提出的科学发展观及其内涵和外延。这是因为：科学发展观体现了中国特色社会主义的发展方向、模式和基本特征；体现了中国处于发展中国家和社会主义初级阶段的阶段性特点；体现了中国国情，代表着中国发展追求的目标。

科学发展的基本含义为：以人为中心的发展，包括全面发展，即以经济建设为中心，全面推进经济建设、政治建设、文化建设和社会建设，实现经济发展和社会全面进步；协调发展，即统筹城乡发展、统筹区域发展、统筹经济社会发展、统筹人与自然和谐发展、统筹国内发展和对外开放，推进生产力和生产关系、经济基础和上层建筑相协调，推进经济建设、政治建设、文化建设、社会建设的各个环节、各个方面相协调；以及可持续发展，即促进人与自然的和谐，实现经济发展和人口、资源、环境相协调，坚持走生产发展、生活富裕、生态良好的文明发展道路，保证一代接一代地永续发展。

3. 体系

由指标、子系统、母系统、数据及其计算、定量分析和问卷调查以及综合指数所构成的完整系统。

4. 城市评价

包括对城市的数据分析和综合评价，是建立在指标、子系统、母系统和推演方式基础上的分析与归纳。

五、补充说明

1. 2013 年度《报告》中，除特别说明外，所采用的数据均为国家统计部门、地方政府等官方机构公布的 2011 年度的统计数据。

2. 出于数据可得性以及指标系统优化的考虑，本年度对原有指标进行了以下调整：

1）经济发展总水平子系统中，将人均 GDP 按照 2009 年可比价进行了调整，删除人均收入增长效率；

2）发展要素利用效率子系统中，新增投资利用率（GDP/固定资产投资）、资源利用率（工业总产值/工业耗电量），删除万元 GDP 电耗、万元 GDP 水耗、万元工业总产值电耗；

3）科技先进性水平子系统中，删除信息业产值比重、信息业从业人员比重；

4）发展外部效应子系统中，将评价指标调整为工业单位产值废水排放、工业单位产值二氧化硫排放、工业固体废物综合利用率；

5）财政公共投入水平子系统中，删除人均公共服务财政支出；

6）公共项目规模水平子系统中，每万人在校高中以上学生数的计算公式调整为（高中阶段+成人+高等学校）在校生数/常住人口×10000，删除每十万人体育场馆数；

7）居民收入水平子系统中，新增人均年末储蓄余额，删除城镇化对城镇居民收入的影响；

8）居民生活环境水平子系统中，新增空气质量达标率，删除人均生活用电量、人均生活用水量；

9）居民就业水平子系统中，城镇登记失业率采用城镇登记失业人数/城镇职工人数公式进行计算，删除城镇化对就业的影响；

10）居民消费水平子系统中，删除人均年末储蓄余额、居住支出占消费支出比重。

3. 数据整理过程中，还发现个别城市统计数据存在疑点，在核对并参考各类城市年鉴、统计公报等资料后，我们进行了调整。

4.《报告》中除国家统计部门直接公布的人均类指标数据外，我们设定的其他人均性指标均以常住人口为基数加以计算，其中包括国际互联网使用覆盖率，人均社会保障性支出，人均医疗卫生支出，人均教育支出，每万人拥有医院、卫生院床位数、每万人医生数，每万人在校高中以上学生数、每百万人剧场、影剧院数，养老保险参保覆盖率，医疗保险参保覆盖率，失业保险参保覆盖率，人均年末储蓄余额，人均园林绿地面积，人均社会消费品零售额等指标。

5.在采集数据的过程中，国家统计部门公布的2012各类统计年鉴中，相较上年度缺失了多项指标的统计，包括失业、医疗、养老保险参保人数、城镇居民人均住宅面积、生活垃圾无害化处理率、生活污水处理率、人均住宅建筑面积等，为尽量保证研究与评价工作的延续性和一致性，我们采取了多种处理方式。一是花费大量时间翻阅、查找各类参考资料，包括各地方城市统计年鉴、统计公报、环境质量公报、政府工作报告及各类官网等，补齐了大部分缺失的指标数据，但一些城市的个别指标仍然无法依靠扩增搜集渠道来获得。为保证每个城市得到尽量公平、客观的比较基础和环境，不因这一重要数据的缺失而严重影响评价成绩，我们采用插值法补齐了全部城市的数据。如与实际情况存在出入，还请予以包涵和理解。

第三部分 报告专题

第一节 城市群专题

专题一：中国城市群产业结构与竞争力研究

袁崇法　李　燕

1 引言

随着经济全球化的推进，城市群作为国家经济的重要核心，其主导国家参与全球竞争和国际分工的能力在逐渐增强。城市群的经济增长和经济空间演化影响着区域以及国家的竞争力[1][2]。

我国城市群的发展经历了改革开放初期的区域倾斜发展战略向20世纪90年代以来区域协调发展战略的转换。改革开放初期，非均衡发展战略的实施取得了举世瞩目的成就：一方面造就了带动国民经济整体增长的经济核心区和增长极，促进了整个国民经济的高速增长，增强了国家经济实力，提高了人民生活水平；另一方面，加速了东部区域经济的迅速发展，使东部沿海区域成为推动我国国民经济持续高速增长的最主要力量，进而使东部沿海开放地带成为我国经济最发达的地区。然而，区域倾斜发展战略从既定的区域经济发展不平衡出发，突出了具有发展优势的区域在经济发展中率先实现起飞，增大了我国区域经济不平衡程度，特别是经过十几年的发展，东部沿海地区与内陆地区的差距逐渐成为我国经济发展过程中的突出问题。在此背景下，区域协调发展战略应运而生。1999年，中央提出西部大开发战略，标志着我国区域协调发展战略开始进入具体实施阶段。

总体而言，城市群经济空间的形成机制主要可以概括为内生机制和外生机制两部分。其中，内生机制包括工业化和市场机制，集聚、扩散与协调机制；外生机制包括全球化和跨国公司的作用机制，体制和政策机制，历史区位地理环境机制等[3-5]。其中，工业化被认为是城市群形成和发展的根本动力[6][7]。城市群空间集聚的形成则依赖投入品的分享、劳动力市场群聚（Labor Market Pooling）以及知识的溢出（Knowledge Spillover）[8]。产业结构变迁中所产生的关联效应、转移效应和聚集效应，决定了城市群经济的自主增长和自我发展能力[9]。而在全球化进程中，全球化使得城市在全球范围内更加紧密地联系在一起，同时加剧了城市间的竞争，区域城市往往通过协作或合作等方式，提高整体的综合竞争能力，城市与城市之间的竞争同时也是城市所在地区的实力的竞争[10][11]。

城市群的空间组织变迁是以产业在不同等级的城市内进行重组为主要内容，是产业结构调整和升级的空间表现形式。城市群产业结构以及地域分工的调整与优化是推动城市群发展和竞争力提高的决定性因素[12]。我国正在经历新一轮的产业空间重构，在此过程中，以我国主要城市群的产业专业化、产业结构演进及产业竞争力为研究对象，对深入认识近年来我国城市群产业发展的现状及问题，以及指导我国区域产业政策的制定具有一定的参考价值。

2 研究区域与方法

2.1 研究范围

关于中国城市群的数量和范围，学术界和规划界尚未得出一致的结论。方创林提出"15+8"模式[13]，姚士谋提出"6+9"模式[14]，宁越敏根据"五普"数据识别出中国2000年时存在13个城市群[15]；此外，全国城镇体系规划也提出了"3+8"的全国城市群格局[16]。综合上述已有研究成果，本文选取了获得学术界普遍认可且有相关规划支撑的16个城市群作为研究对象。关于城市群的范围界定，主要参考了《全国城镇体系规划纲要（2005-2020年）》，但个别城市群根据最新区域规划进行了相应的调整（具体城市群研究范围见表1）。

表1　　　　　　　　中国16个城市群范围

所在区域	城市群名称	空间范围	相关规划依据
东部	长三角城市群	上海，江苏省的南京、苏州、无锡、常州、镇江、扬州、泰州、南通，浙江省的杭州、宁波、湖州、嘉兴、绍兴、舟山、台州	《长江三角洲地区区域规划》，国家发展改革委，2010年

续表

所在区域	城市群名称	空间范围	相关规划依据
东部	珠三角城市群	广东省的广州、深圳、珠海、佛山、江门、东莞、中山、惠州、肇庆	《珠江三角洲地区改革发展规划纲要（2008—2020年）》，国家发展改革委，2008年
	京津冀城市群	北京，天津，河北省的石家庄、保定、秦皇岛、廊坊、沧州、承德、张家口、唐山	《京津冀都市圈区域规划》
	哈长城市群	以哈尔滨、长春为中心，包括大庆、绥化市、吉林	《全国城镇体系规划》，国务院，2010年
	辽中南城市群	辽宁省的沈阳、大连、鞍山、抚顺、本溪、营口、铁岭、锦州、葫芦岛、辽阳、盘锦	《全国城镇体系规划》，国务院，2010年
	山东半岛城市群	山东省的青岛、济南、烟台、潍坊、淄博、威海、日照、东营	《全国城镇体系规划》，国务院，2010年
	闽东南城市群	福建省的福州、厦门、泉州、漳州、莆田	《全国城镇体系规划》，国务院，2010年
中部	中原城市群	河南省的郑州、洛阳、开封、新乡、焦作、安阳、濮阳、鹤壁、许昌	《全国城镇体系规划》，国务院，2010年
	长株潭城市群	湖南省的长沙、株洲、湘潭	《长株潭城市群区域规划（2008-2020年）》，国务院，2008年
	武汉城市群	湖北省的武汉、鄂州、黄石、孝感、黄冈、咸宁、天门、潜江、仙桃	《全国城镇体系规划》，国务院，2010年
西部	成渝城市群	重庆，四川省的成都、广安、眉山、泸州、乐山、绵阳、宜宾、遂宁、雅安、自贡、内江、德阳、达州、南充、资阳	《成渝经济区区域规划》，国务院，2011年
	滇中城市群	云南省的昆明、玉溪、曲靖、楚雄	《全国城镇体系规划》，国务院，2010年
	北部湾城市群	广西壮族自治区的南宁、北海、防城港、钦州、玉林、崇左	《广西北部湾经济区发展规划》，国院，2008年
	关中城市群	陕西省的西安、宝鸡、咸阳、渭南、铜川、杨凌	《关中城市群建设规划》
	兰州-西宁城市群	兰州、西宁、白银、定西和临夏回族自治州	《全国城镇体系规划》，国务院，2010年
	乌鲁木齐城市群	以乌鲁木齐为中心，包括米泉、昌吉、阜康和五家渠	《全国城镇体系规划》，国务院，2010年

资料来源：根据相关规划总结。

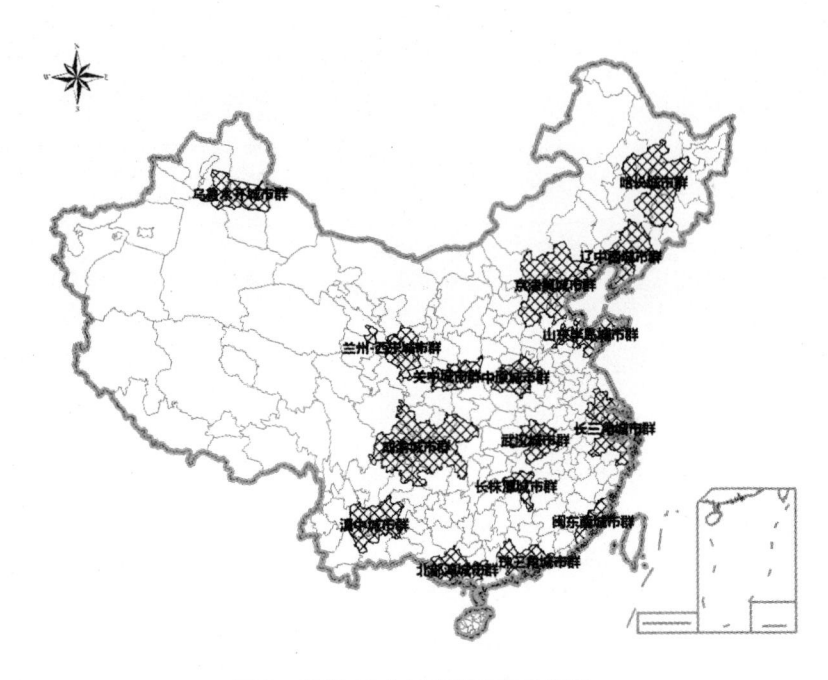

图 1　我国 16 个城市群空间分布图

2.2　研究方法

本文从产业比较优势、产业结构效率等层面深入研究城市群产业分工与一体化过程中的竞争力。

2.2.1　区位商

区位商是指一个地区特定部门的产值在地区工业总产值中所占的比重，与全国该部门产值在全国工业总产值中所占比重之间的比值。区域 i 产业 j 的区位商计算如下：

$$LQ_{ij} = \frac{E_{ij} / \sum_{j} E_{ij}}{\sum_{i} E_{ij} / \sum_{i} \sum_{j} E_{ij}}$$

其中 E_{ij} 区域 i 产业 j 的就业或产值，反映产业在某个区域的相对专业化程度。如果 LQ>1，意味着某个产业在这个区域比较重要，有一定的专业化水平，且具有较强的区域比较优势。

2.2.2　偏离—份额法

偏离—份额分析法（The shift-share Method）最早是一种区域经济学研究中广泛应用的工具。该方法将区域经济分为偏离和份额两个部分，研究区域产业竞争力和产业结构对于经济发展的贡献，进而得出产业竞争力和产业结构效率。根据偏离—份额分析法，以全国经济发展作为一个参考系，将城市群经济的变化看作一个动态的过程，经济增长总量在一定时期内的变动分解为三个分量，即份额分量（the national growth effect）、结构偏离分量（the industrial mix effect）和竞争力分量（the shift share effect）[17]，以此评价城市群产业结构的优劣。

在 [0, t] 时段内区域 i 产业 j 的增长率为 G_{ij}，可以分解为 $G_{ij} = N_{ij} + P_{ij} + D_{ij}$。其中，份额分量 $N_{ij} = b'_{ij} \times R_j$，结构偏移分量 $P_{ij} = (b_{ij,0} - b'_{ij}) \times R_j$，区域竞争力偏移分量 $D_{ij} = b_{ij,0} \times (r_{ij} - R_j)$。

式中，$b'_{ij} = b_{ij,0} \times B_{j,0} \div B_0$ 为区域 i 各产业部门规模标准化值。$r_{ij} = (b_{ij,t} - b_{ij,0}) \div b_{ij,0}$ 为区域 i 产业 j 在 [0, t] 时段的变化率，$R_j = (B_{j,t} - B_{j,0}) \div B_{j,0}$ 为区域所在大区产业 j 在 [0, t] 时段的变化率。其中，$B_{j,0}$，$B_{j,t}$，B_0，B_t 分别为区域所在大区的初期与末期产业 j 的规模和经济总规模。

3 我国城市群的产业专业化分析

3.1 我国城市群的产业专业化时间趋势

整体而言，我国城市群产业专业化程度呈上升趋势，这与城市群产业专业化演化规律相吻合。一般地，在城市群的初级发展阶段，内部各城市会根据要素禀赋发展有比较优势的初级加工业或资源型产业等附加值较低的产业，而服务业仅限于为当地服务，城市间功能定位不明确、联系松散，城市群在产业分工上表现出专业化水平偏低和多样化水平偏高的情况；随着城市群的演化发展，内部各城市逐渐调整产业结构，产业内或产业间合作增强，经济联系趋于紧密，城市群总体专业性程度将有较大提升；到城市群成熟发展阶段，服务于专业化部门的第三产业企业不断涌现，导致专业化水平降低，经济结构进一步优化，而多样化则相对提升[18]。从产业分工来看，如果某城市群某产业的区位商大于1，则该产业可以视作该城市群的专业性产业，在国家的产业分工中承担着重要作用。从2006—2011年我国16个城市群的三次产业区位商分析结果（具体见表2）可以发现，长三角、珠三角和京津冀三大城市群的第三产业在全国的优势逐渐加强，总部经济特征越发突出；此外，伴随着东部地区制造业向中西部地区的转移，以及区域协调发展战略的实施，中部地区城市群的第二产业区位商开始呈上升趋势。

第一产业专业化水平呈下降趋势是我国城市群产业专业化过程中最显著的特征。我国城市群的产业结构演进遵循三次产业结构演进规律，即第一产业比重持续降低，其在国民生产总值中所占的比重向二三产业转移。随着第二产业特别是工业规模的迅速扩张，对现代服务业产生了巨大的需求,从而有效地带动了相关产业的发展。除第一产业比重的下降,城市群地区还伴随着大量农业剩余劳动力转向非农部门,以及随着土地城镇化的加剧带动城市群地区地价的上涨,推动农业用地向城市建设用地的转换。

表 2　　　　　　　2006—2011 年城市群三次产业区位商分析表

城市群	2006 年区位商			2011 年区位商		
	第一产业	第二产业	第三产业	第一产业	第二产业	第三产业
长三角城市群	0.33	1.15	1.01	0.32	1.08	1.08
珠三角城市群	0.25	1.07	1.12	0.21	1.03	1.15
京津冀城市群	0.59	0.92	1.21	0.53	0.92	1.20
哈长城市群	1.06	1.09	0.88	0.96	1.16	0.84
辽中南城市群	0.76	1.05	1.00	0.70	1.16	0.90
山东半岛城市群	0.66	1.22	0.83	0.61	1.15	0.92
闽东南城市群	0.81	1.08	0.96	0.67	1.14	0.92
中原城市群	0.95	1.20	0.78	0.81	1.31	0.71
长株潭城市群	0.83	0.96	1.10	0.57	1.23	0.85
武汉城市群	1.06	0.93	1.07	0.94	1.06	0.95
成渝城市群	1.41	0.92	0.98	1.13	1.15	0.81
滇中城市群	1.06	1.03	0.94	1.08	1.09	0.89
北部湾城市群	2.08	0.75	1.00	1.88	0.90	0.90
关中城市群	0.91	0.98	1.05	0.95	1.08	0.93
兰州-西宁城市群	0.77	0.94	1.14	0.67	1.05	1.03
乌鲁木齐城市群	0.92	0.79	1.26	0.88	0.98	1.05

3.2 我国城市群的产业专业化空间特征

我国城市群三次产业专业化分工的地带性特征显著,这与我国城市空间格局呈三级阶梯状分布的特征相一致。而这种地带性的差异是自然环境、政治、经济、社会和外部环境等因素长期综合作用的结果,且要素协同作用时,具有惯性和马太效应,进而影响到我国城市群的经济空间格局。在经济全球化时期,我国城市群产业专业化空间的形成与演变主要受到两种力量的作用:一方面是来自国外跨国公司、外商直接投资所进行的生产活动重新区位的力量;另一方面是来自本国已有的经济基础和地方环境所形成的区位锁定的力量。在不同的区位上,由于不同城市群的区位条件、发展基础以及政策优势等的不同,城市群产业空间也存在很多差异。

3.2.1 东部城市群的产业专业化特征

东部沿海地区城市群，由于拥有较有利的港口优势，开放时间较早，在国家政策投资的影响下吸引了大量的制造出口加工企业，在第二产业方面形成了较强的专业化优势。然而，随着工业专业化分工的深化和服务外置化趋势的发展，一些部门从原来的工业体系中分离出来，形成独立的服务性行业，使得产业经济活动中服务业比重逐步上升，第三产业专业化优势逐渐显现，其中最明显的就是我国长三角、珠三角和京津冀城市群。此外，在振兴东北老工业基地的政策引导下，哈长、辽中南城市群的第二产业专业化优势得到巩固，专业化水平分别由2006年的1.09和1.05上升至2011年的1.16。同时，在闽台产业对接与合作开放力度加大的影响下，闽东南城市群的港口优势进一步发挥，第二产业的专业化优势也呈现出上升的趋势。相比之下，山东半岛城市群第二产业专业化程度则呈下降趋势，但仍高于全国平均水平。

3.2.2 中部城市群的产业专业化特征

中部城市群在我国产业转移政策的影响下，第二产业专业化程度提升较为显著。其中，长株潭城市群和武汉城市群的第二产业专业化水平均从2006年低于全国平均水平的状态提升至2011年的1.23和1.06；而中原城市群的第二产业专业化优势得到持续强化，专业化水平从2006年的1.20上升至2011年的1.31。对中部城市群而言，产业专业化的发展是在市场力量导向及政策环境推动下共同完成的。

3.2.3 西部城市群的产业专业化特征

我国西部地区是国家经济落后、人口稀疏、城镇稀少、对外开放程度较低，但资源相对丰富的地区。为了推进西部地区城市群的率先快速发展，除了实施城镇化战略和西部大开发等区域协调发展战略决策外，国家针对西部重点区域城市群的发展，相继出台了一系列针对性强的扶持政策和指导意见[19]。然而，由于西部地区城镇化水平较低，成渝、滇中、北部湾城市群第一产业比重均高于全国平均水平，仍面临着产业优化升级的重大挑战。但其中也不乏亮点，如成渝统筹城乡综合配套改革取得了良好的阶段性成果，农村劳动力有序转移、土地规模流转步伐加快[20]，第一产业专业化水平由2006年的1.41下降至2011年的1.13。同时，随着西部地区区域交通条件的改善以及经济发展水平的提升，第二产业投资力度加大，大大提升了西部地区城市群第二产业专业化的水平。

4 我国城市群的产业结构效率分析

4.1 我国城市群产业增长率分析

本文用［0，t］时段的某产业产值变动值除以初始时间该产业产值衡

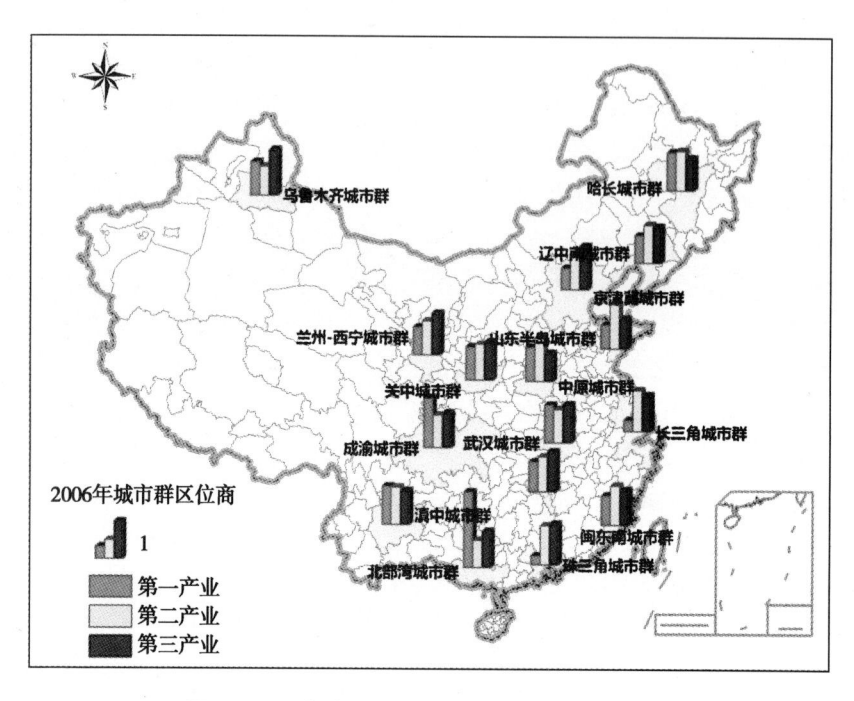

图2 2006年我国16个城市群三次产业区位商

量产业增长率，可以发现，不同城市群的三次产业增长速度存在巨大的差异（具体结果见表3），这与城市群的资源、区位、经济发展水平、政策优势等因素具有相关性。就第一产业来看，关中城市群、乌鲁木齐城市群、北部湾城市群、武汉城市群、辽中南城市群和滇中城市群的产值增长均高于全国平均水平。其中，北部湾城市群、滇中城市群和关中城市群随着第一产业产值的快速增长，产业专业化水平也呈现上升趋势，说明近五年来，这三大城市群第一产业规模提升的同时也促进了产业效率的提升；而武汉城市群、辽中南城市群和乌鲁木齐城市群第一产业规模的增加则未能带动产业专业化水平的提升。

城市群第二产业增长率及专业化水平的提升与城市群经济发展阶段和工业化水平有着密不可分的关系。总体来看，除长三角、珠三角和京津冀城市群外，大多数城市群仍处于以制造业为核心的产业发展阶段，表现为伴随着第二产业的快速增长，产业专业化水平呈现上升趋势。受到靠近区域性市场、区域倾斜政策较为有利等因素的影响，长株潭、成渝、北部湾、乌鲁木齐、关中和武汉等中西部城市群的第二产业投入大幅提升，极大地推动了产业的发展，增长速度高于全国平均水平，成为中西部地区第二产业发展的主要阵地。

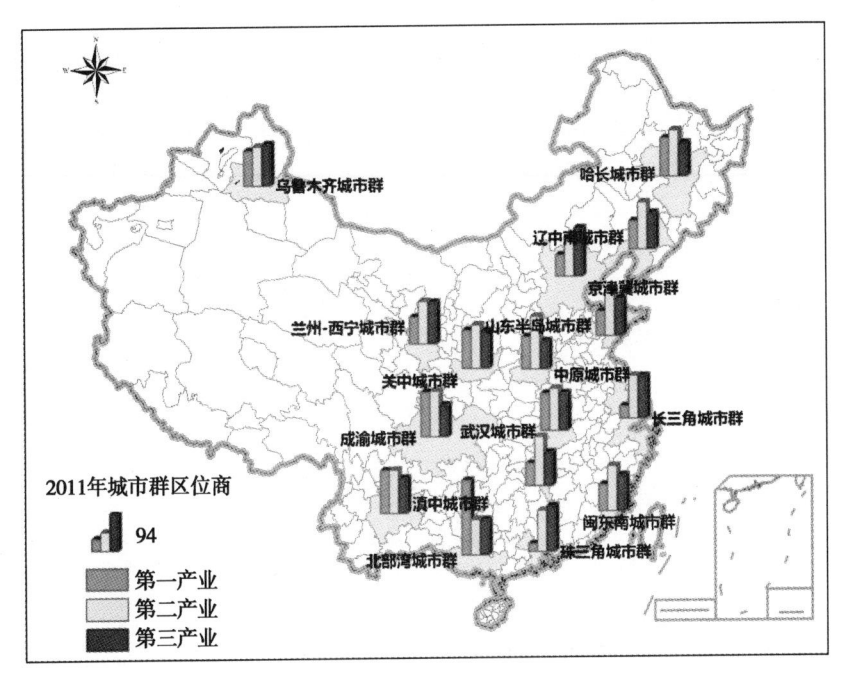

图3　2011年我国16个城市群三次产业区位商

第三产业增长速度高于全国平均水平的城市群主要集中在东部地区，包括长三角、山东半岛、闽东南、京津冀和哈长城市群；此外，中部地区的城市群有武汉和长株潭城市群；西部地区的城市群有关中和北部湾城市群。然而，对比城市群第三产业专业化水平的变化趋势可以发现，只有长三角和山东半岛城市群的第三产业规模的扩大有利于专业化水平的提升，其他城市群在现阶段盲目扩大第三产业的发展并不利于形成规模经济和专业化优势。

表3　　2006—2011年城市群三次产业增长率分析表

城市群名称	第一产业	第二产业	第三产业
长三角城市群	0.79	0.89	1.34
珠三角城市群	0.55	0.89	1.20
京津冀城市群	0.78	1.15	1.32
哈长城市群	0.88	1.38	1.31
辽中南城市群	0.96	1.51	1.23
山东半岛城市群	0.66	0.82	1.34
闽东南城市群	0.70	1.34	1.33

续表

城市群名称	第一产业	第二产业	第三产业
中原城市群	0.72	1.38	1.14
长株潭城市群	0.85	2.68	1.41
武汉城市群	1.06	1.86	1.44
成渝城市群	0.88	2.14	1.29
滇中城市群	0.95	1.18	1.14
北部湾城市群	1.10	2.03	1.47
关中城市群	1.54	1.87	1.49
兰州—西宁城市群	0.79	1.47	1.18
乌鲁木齐城市群	1.18	2.02	1.22
全国平均	0.90	1.54	1.30

4.2 我国城市群产业偏离—份额分析

4.2.1 我国城市群产业份额分析

本研究在对我国城市群产业进行偏离—份额分析的过程中，以全国平均水平为基准，由此得出的份额分量 N，代表按照全国平均产业增长率增长时，该城市群及产业应达到的增长水平。从份额分量来看，2006—2011年，我国城市群三次产业均为增长性部门（城市群产业份额分布见图4）。这也说明了城市群是作为国民经济增长极的核心地位的。

城市群是高度城市化的地区，产业结构主要以非农部门为主，因此，总体而言，城市群第一产业增长性较弱。其中，成渝城市群的第一产业份额分量排在所有城市群的首位。分析其原因可知，一方面，川渝地区自古以来就是农业特色产业基地，具有发展第一产业的自然优势；另一方面，成渝城市群的长期发展形成了"大城市带大农村"的发展模式，农业在经济发展中的比重较大。

从非农部门的份额分量可以看出，长三角、京津冀和珠三角三大国家级城市群在第二、三产业份额方面具有明显的优势，是我国产业发展的核心地区；此外，环渤海的辽中南城市群和山东半岛城市群、东南沿海的闽东南城市群、具有工业基地基础的哈长城市群和成渝城市群、中部地区的中原城市群也都形成了区域性的产业增长极；其他城市群发展阶段较为初级，城市群规模较小，尚未形成集聚效应，二、三产业的份额优势不大。

总体来看，我国大部分城市群目前仍以第二产业为主要支柱，第三产业增长性超过第二产业的城市群仅有京津冀城市群、北部湾城市群、兰州—西宁城市群和乌鲁木齐城市群。其中，京津冀城市群作为我国最有活力的经济圈之一，总部经济的雏形初步显现。2011年，《财富》世界500强排行榜公布北京拥有世界500强企业总部41家，仅次于东京，成为全球第二大世界500强总部之都，远高于上海的5家、香港的4家及深圳的2家。北京市社会科学院中国总部经济研究中心的研究表明，2011年，北京总部经济发展能力高居全国35个主要城市榜首，总部经济发展能力和规模继续在全国领先。以北京为核心"总部—制造基地"模式逐步形成，一方面，随着城市群核心城市土地、劳动力等成本的上涨，制造业企业为降低生产成本，将制造基地从大城市向郊区县甚至外地迁移，推动形成"核心—边缘模式"（Core-Periphery Pattern）；另一方面，依托北京天然的人才与科研优势，逐渐形成锁定效应（Lock-in Effect），吸引了大量跨国公司地区总部和职能总部的入驻，进而进一步增强了区域品牌影响力和总部集聚效应。对比而言，北部湾城市群、兰州—西宁城市群和乌鲁木齐城市群第三产业份额分量偏高则表现为发展动力不足的"虚高"。这三大城市群经济发展水平较低、第二产业发展不足，且区域人口较小，不足以为第三产业的发展提供广大的市场。长远来看，如果没有具有一定比较优势的制造业部门作为支撑，第三产业很难获得持续性的增长动力。

高端生产性服务业的高度集聚是世界成熟城市群的主要标志。与国外成熟的城市群相比，我国城市群要发展到成熟阶段还有很长一段路要走。

4.2.2 我国城市群产业结构偏离分析

结构偏离分量P反应城市群产业结构类型对其经济增长的影响，若为正值，则说明该城市群的产业结构优于全国的产业结构，表示该城市群产业结构素质较好，且该值越大，说明该产业部门结构对该地区经济发展的贡献越大。整体而言，我国16个城市群的三次产业内部结构均优于全国平均水平。其中，成渝、长三角、京津冀的第一产业结构素质居于城市群前列；长三角城市群的第二、三产业结构优化水平远远高于其他城市群，珠三角和京津冀位于第二梯队；此外，山东半岛城市群、成渝城市群、辽中南城市群、中原城市群和哈长城市群二、三产业的产业结构也较为合理，对区域经济增长的带动作用较强。对于大多数中西部地区的城市群而言，因长期受到区位、交通、人才、资金、技术等因素的限制，目前仍处于城市群发展的初期，区域产业专业化、一体化程度较低，导致城市群内部产业结构不够合理。

4.2.3 我国城市群产业竞争力偏离分析

竞争力偏离分量D反应城市群产业竞争力对其经济增长的影响，若为正值，说明该城市群该产业部门较全国而言具有较强的竞争力，且该值

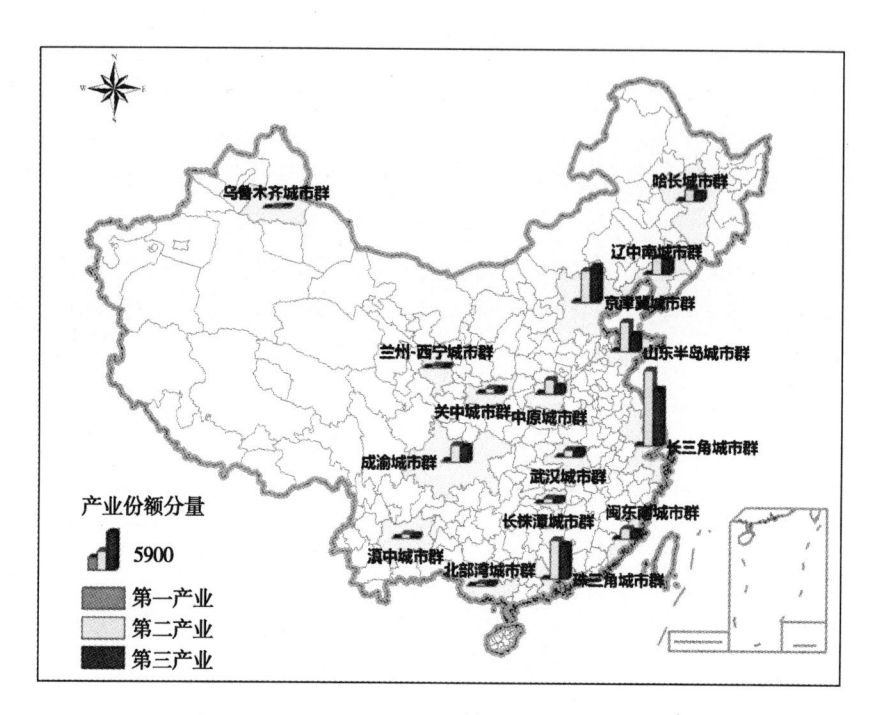

图 4 2006—2011 年我国城市群产业份额分布图

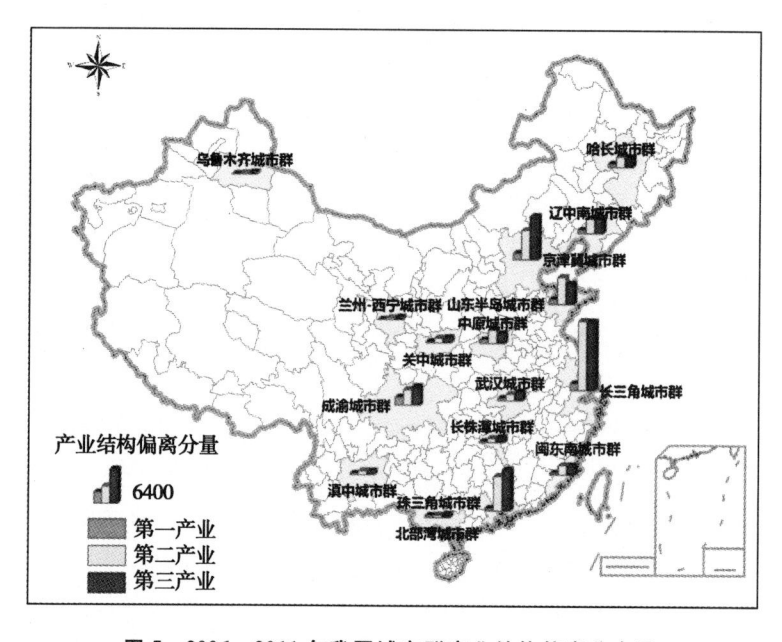

图 5 2006—2011 年我国城市群产业结构偏离分布图

越大，说明该产业部门的竞争力对经济增长的作用越大。竞争力偏离分量是一个十分复杂的因素，其数值大小除受产业结构影响外，其他因素如投资规模、生产率水平、经营管理水平等因素也会不同程度地对其产生影响和制约。因此，若一地区的竞争力偏离分量小于0，既可能是由于该地区生产经营管理水平较低所致，也可能是因为投资积累较低等所致[21]。

总体而言，我国城市群的产业竞争力核心集中在第二产业。在我国经济全球化的进程中，伴随着土地成本、劳动力成本、市场需求以及基础设施等要素的变化[22][23]，我国正在经历着产业转移和产业空间格局重塑的过程。已有研究发现，部分企业已经开始从广东、上海、浙江等沿海省份向江西、湖南、安徽、河南、四川等中西部省份转移[24][25][26]。在产业转移的过程中，表现出明显的"北上西进"特征。从竞争力偏离分量的分布可以明显看出，中部地区的长株潭、武汉、中原城市群，西部地区的成渝、关中、北部湾城市群，以及东部地区的哈长和辽中南城市群，第二产业相较全国都具有较强的竞争力；相比较而言，东部沿海地区的山东半岛、长三角和珠三角城市群的第二产业均出现不同程度的竞争力不足（具体见图6）。研究结果不难看出，我国开放最早的一大批以出口加工为主的制造业城市已不足以支撑地区持续、稳定的经济增长，在劳动力、土地等成本上升的趋势下，制造业向中西部地区转移是提升第二产业竞争力的必然之举；同时，随着沿海地区参与经济全球化程度的加深，服务业驱动的经济增长模式成为东部沿海发达城市群的转型之路。

4.3 我国城市群经济总量偏离—份额分析

从经济总量上来看，我国城市群在经济份额和经济结构方面高于全国城市的平均水平，且具有明显的地带性差异（具体见图7）。以长三角、珠三角和京津冀为龙头的东部沿海地区三产增长性较强，且三产结构较为合理，处于经济发展的第一梯队；中部地区城市群的规模偏小，三产份额和经济结构合理性较东部地区弱，处于经济发展的第二梯队；西部地区的6个城市群中，除成渝城市群作为区域经济增长极的地位比较突出外，其他城市群仍处于经济发展的初级阶段，位列第三梯队。其中，中部地区城市群作为平衡我国东西差距的过渡地带，其产业支撑能力相对较弱；而西部地区范围过大，且城市群产业一体化程度较低，形成区域性经济增长极仍存在一定难度。

通过对城市群经济竞争力偏离分量的分析，可以发现，近五年来在金融危机的影响下，东部沿海的长三角、珠三角和山东半岛城市群的经济竞争力显示出明显不足，这种不足主要源于第二产业竞争力水平较低。此外，可以明显看出，中西部城市群，特别是武汉、成渝、关中、长株潭城

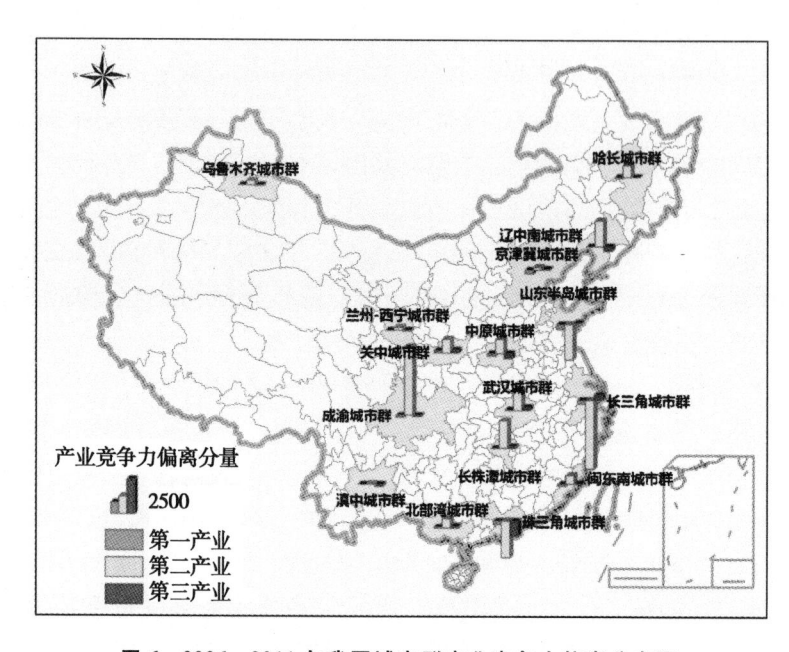

图6 2006—2011年我国城市群产业竞争力偏离分布图

市群，正在成为我国经济竞争力最强的地区。

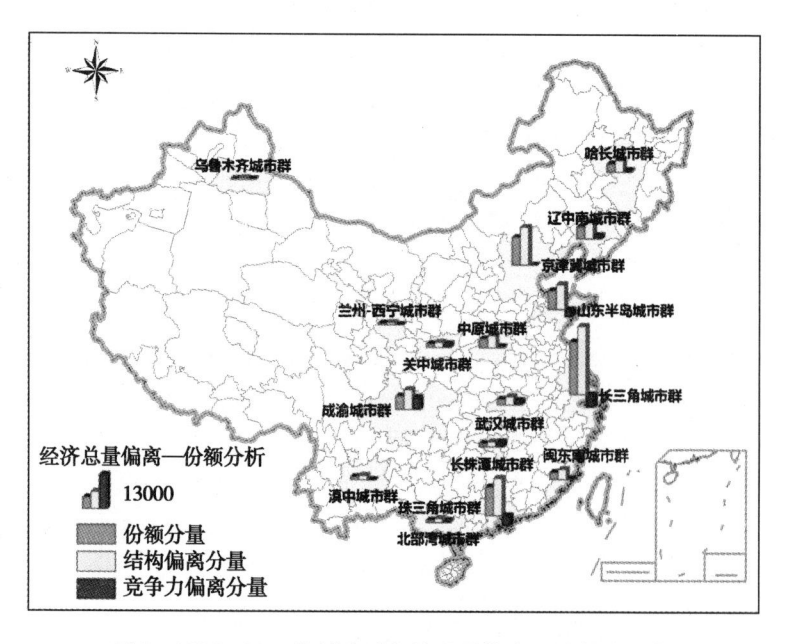

图7 2006—2011年城市群经济总量偏离—份额分析表

5 结论与讨论

5.1 结论

本研究从产业比较优势、产业结构效率等层面考察了近五年来我国16个城市群产业分工与一体化过程中的竞争力演化，得出如下结论：

首先，也是最显著的一个结论就是，我国16个城市群三次产业发展优于全国平均水平。从城市群产业区位商的分析来看，城市群产业专业化程度呈上升趋势，且各大城市群均拥有在国家产业体系中承担重要作用的专业性产业。从偏离—份额分析中的份额分量来看，2006—2011年我国城市群三次产业均为增长性部门，凸显了城市群作为国民经济增长极的核心地位。但总体而言，我国城市群仍处在以第二产业为主要支柱的发展阶段。

其次，不论是产业专业化分工，还是城市群产业总量与结构，我国城市群三次产业都呈现明显的地带性特征，这与我国城市空间格局呈三级阶梯状分布的特征相一致。东部沿海地区城市群拥有较有利的港口优势，开放时间较早，在国家政策投资的影响下吸引了大量的制造业出口加工企业，在第二产业方面形成了较强的专业化优势；随着工业专业化分工的深化和服务外置化趋势的发展，第三产业专业化优势逐渐显现。总体表现为三产增长性较强，且三产结构较为合理，处于经济发展的第一梯队。中部城市群在我国产业转移政策的影响下，第二产业专业化程度提升较显著，但由于规模偏小，三产份额和经济结构合理性较东部地区弱，处于经济发展的第二梯队。近年来，在西部大开发等区域协调发展战略的引导下，西部地区区域交通条件逐步改善，第二产业投资力度加大，大大提升了西部地区城市群第二产业专业化的水平。然而，由于长期以来对外开放程度较低，经济发展滞后，除成渝城市群作为区域经济增长极的地位比较突出外，西部地区大部分城市群仍处于经济发展的初级阶段，位列第三梯队。

第三，随着产业转移的推进以及国家区域政策的变化，我国城市群产业空间正在发生重塑，进而影响城市群产业竞争力的演化。2006—2011年，长三角、珠三角和京津冀三大城市群的第三产业在全国的优势逐渐加强，总部经济特征越发突出；与此同时，东部沿海地区的山东半岛、长三角和珠三角城市群第二产业均出现不同程度的竞争力不足。此外，伴随着东部地区制造业向中西部地区转移，以及区域协调发展战略的实施，中部地区城市群第二产业区位商呈上升趋势；而随着"北上西进"的产业转移，中部地区的长株潭、武汉、中原城市群，西部地区的成渝、关中、北部湾城市群，以及东部地区的哈长和辽中南城市群，第二产业较全国具有较强的竞争力。武汉、成渝、关中、长株潭城市群，正在成为我国经济竞争力最强的地区。

5.2 讨论

与国外成熟的城市群相比，我国城市群在产业结构升级、产业竞争力提升及产业一体化方面仍存在诸多问题。城市群产业发展一旦失衡，必将加剧区域经济发展的不均衡，进而阻碍社会的和谐发展。因此，在我国城市群产业未来发展过程中，笔者认为应关注以下几个方面的内容。

5.2.1 产业结构演进的讨论

城市群产业发展应该遵循客观的发展规律，而非盲目提倡跨越式发展。工业化是城市群发展的基础。坚实的工业化基础，一方面可以为城市建设和劳动力就业提供保障；另一方面为生产性服务业的发展提供支撑。目前，一些城市在发展过程中提出，从工业化发展初期直接跨越到以服务业为重点的后工业化阶段。但在现实发展中，服务业发展水平的提升仅仅呈现出第三产业比重在数据层面的提升，在服务业的发展层次上距离现代服务业的标准差距很大，也很难形成区域性的服务业中心。这样的发展模式很难形成持续性的增长部门，长期来看，不利于区域产业竞争力的提升。

5.2.2 地理与城市群发展的讨论

在我国经济发展过程中，地理区位对地区经济发展的影响显著，最突出的表现就是沿海地区和大城市获得了更快的经济增长[27][28]。在"中心—外围"模式的影响下，地理与城市经济增长的关系表现为"∽"形曲线。许政等[29]的实证研究发现，距离上海和香港600公里以内的城市，随着到这两个港口的距离的增加，其经济增长速度在递减；而在600—1000公里之间，经济增长速度随着到大港口距离的增加而递增；超过1000公里以后，经济增长速度又随着距离的增加而下降。这一发现对我国城市群发展的启示是，未来一部分中西部地区城市群将迎来一轮快速增长时期。以这些具有地理优势的中西部地区城市群为核心，抓住产业转移的发展机遇，将有利于缩小我国经济发展的东西差距。

5.2.3 城市规模控制的讨论

在我国城市化进程中，大城市重点论和重点发展中小城镇的争议一直不绝于耳。一方面，大量实证研究表明，大城市有利于发挥城市规模经济优势，促进劳动生产率的提高和经济增长[30]。从理论上来讲，规模较大的城市集聚效应越强，越能够成为城市体系的中心城市。然而，在对我国城市规模的研究发现，与世界其他国家相比，我国城市规模偏小。另一方面，大城市和中小城镇的发展并不相互排斥，中小城镇的发展以大城市的发展为基础，并受其辐射功能的带动。因此，在当前中国城市化水平偏低、城市集聚不足的现实下，盲目限制大城市发展，会带来巨大的效率损失[31]。

参考文献

[1] 吴良镛：《城市地区理论与中国沿海城市密集地区发展》，《城市发展研究》2003年第2期，第3—9页。

[2] 姚士谋，朱英明，陈振光：《信息环境下城市群区的发展》，《城市规划》2001年第8期，第16—18页。

[3] 刘静玉，王发曾：《城市群形成发展的动力机制研究》，《开发研究》2004年第6期，第66—69页。

[4] 赵勇，白永秀：《城市群国内研究文献综述》，《城市问题》2007年第7期，第6—11页。

[5] 张敏：《城市群的功能、结构及发展动力》，《经济与社会发展》2009年第4期，第121—123页。

[6] 许学强，周春山：《论珠江三角洲大都会区的形成》，《城市问题》1994年第3期，第3—6页。

[7] 徐永健，许学强，阎小培：《中国典型都市连绵区形成机制初探——以珠江三角洲和长江三角洲为例》，《人文地理》2000年第2期，第19—23页。

[8] Marshall, Alfred. Principles of Economics. Macmillan: London, 1890.

[9] 张祥建，唐炎华，徐晋：《长江三角洲城市群空间结构演化的产业机理》，《经济理论与经济管理》2003年第10期，第65—69页。

[10] 吴良镛：《城市地区理论与中国沿海城市密集地区发展》，《城市发展研究》2003年第2期，第3—9页。

[11] 姚士谋，朱英明，陈振光：《信息环境下城市群区的发展》，《城市规划》2001年第8期，第16—18页。

[12] 国家发改委国地所课题组：《我国城市群的发展阶段与十大城市群的功能定位》，《改革》2009年第9期，第5—23页。

[13] 方创琳：《中国城市群形成发育的新格局及新趋向》，《地理科学》2011年第9期，第1025—1034页。

[14] 姚士谋等：《中国的城市群》，中国科学技术大学出版社2006年版。

[15] 宁越敏：《中国都市区和大城市群的界定——兼论大城市群在区域经济发展中的作用》，《地理科学》2011年第3期，第257—263页。

[16] 住房和城乡建设部城乡规划司，中国城市规划设计研究院，汪光焘：《全国城镇体系规划研究（2006—2020年）》，商务印书馆2010年版。

[17] Daniel C K. Shift-share analysis: Further examination of models for the descrip-

tion of economic change. Socio- Economic Planning Sciences, 2000, 34 (3): 177—198.

［18］邬丽萍, 刘文婷:《城市群形成演化: 基于专业化、多样化的解释与实证》,《经济问题探索》2012年第1期, 第7—13页。

［19］方创林:《中国西部地区城市群形成发育现状与建设重点》,《干旱区地理》2010年第5期, 第667—675页。

［20］陈映, 沙治慧:《成渝试验区统筹城乡综合配套改革新进展》,《城市发展研究》2009年第1期, 第37—44页。

［21］康彦彦, 张寿庭:《地区产业结构调整与竞争力研究——基于偏离—份额分析东营市》,《技术经济与管理研究》2013年第6期, 第119—123页。

［22］Hering, L. & S. Poncet (2009) The impact of economic geography on wages: Disentangling the channels of influence. China Economic Review, 20, 1—14.

［23］冯根福, 刘志勇, 蒋文定:《我国东中西部地区间工业产业转移的趋势, 特征及形成原因分析》,《当代经济科学》2010年第2期, 第1—10页。

［24］He, C. & J. Wang (2010) Regional and Sectoral Differences in the Spatial Restructuring of Chinese Manufacturing Industries in the Post-WTO Period. GeoJournal, DOI: 10.1007/s10708-010-9396-0 (Online).

［25］陈建军:《中国现阶段产业区域转移的实证研究—结合浙江105家企业的问卷调查报告的分析》,《管理世界》2002年第6期, 第64—74页。

［26］范剑勇:《长三角一体化, 地区专业化与制造业空间转移》,《管理世界》2004年第11期, 第77—84页。

［27］BaoShuming, Gene Hsin Chang, Jeffrey Sachas, Wing Woo. Geographic factors and China's regional development under market reform, 1978—1998. China Economic Review, 2002, 13 (1): 89—111.

［28］陆铭, 陈钊:《中国区域经济发展中的市场整合与工业集聚》, 上海人民出版社2006年版。

［29］许政, 陈钊, 陆铭:《中国城市体系的"中心-外围模式"——地理与经济增长的实证研究》,《世界经济》2010年第7期, 第144—160页。

［30］Handerson V. Urbanization in China: Policy issues and options. China Economic Research and Advisory Programme. Brown University, 2007.

［31］陆铭:《空间的力量——地理、政治与城市发展》, 格致出版社、上海人民出版社2013年版。

专题二：城市群基本概念界定及发展经验梳理

袁崇法　李燕

引言

城市群是城市发展到成熟阶段的最高空间组织形式，是以中心城市为核心，向周围辐射构成城市的集合。经济全球化与区域经济一体化必然要求重视和加强城市群的发展。城市群已成为现代经济发展的最重要方式之一，国家或区域参与全球竞争与国际分工的地域单元，深刻影响着国家的国际竞争力和全球经济格局，对国家经济持续稳定发展具有重大意义[①]。

"十一五"规划纲要明确"要把城市群作为推进城镇化的主体形态"；"十二五"规划再次建议，以大城市为依托，以中小城市为重点，逐步形成辐射作用大的城市群，促进大中小城市和小城镇协调发展。从经济发展规律和我国政策导向均可看出，城市群是我国未来经济发展格局中最具活力和潜力的核心地区，在全国生产力布局格局中起着战略支撑点和增长极的作用，承担着全国和地区各种生产要素流的汇聚与扩散职能，是中国未来城市发展的重要方向。

总体而言，城市群对经济增长的重要作用表现为以下几个方面：第一，以城市群作为区域增长极带动城镇化发展，有利于促使区域经济发展空间更为协调一体。通过适度聚集，推进区域城市群内城市之间的内在联系与分工协作，更好地带动产业有机融合、区域经济更加有序地协调发展。第二，城市群有助于提高区域要素的流动效率。当要素在区域空间能自由流动时，一些优质要素会主动选择向大城市集聚，普通要素则被动选择向中小城市集中，这提高了城市群要素积聚的外部经济性和研发创新的效率。如，在长三角城市群体系中，城市群内的地方政府为了吸引城市群外的企业和产业，加大了固定资产投资中的更新改造投资的比例，加大了对城市群内基础设施建设投资的比例，降低了企业交通运输成本，强化了需求关联的循环积累效应和投入产出联系，促进了城市群的经济增长。

1　城市群基本概念梳理

在经济全球化和现代科学技术的影响下，区域之间的竞争将不断加剧，城市群逐渐成为国际生产力分布体系和劳动地域分工中新的重要的空

---

①　林先扬，陈忠暖，蔡国田：《国内外城市群研究的回顾与展望》，《热带地理》2003年第23卷第1期，第44—49页。

间组织形式，城市群也由此将逐渐成为参加日趋激烈的区域竞争的重要组织方式。从经济发展层面上讲，城市群是一个集社会、经济、技术为一体的网络化经济空间。它是建立在区域市场整合基础上的地域空间经济组织形式，为区域城市化高级阶段现象，也是产业的集聚与扩散共同作用的产物。

1.1 大都市带（Megalopolis）

1.1.1 概念

1957年，法国地理学家戈特曼在研究美国东北部都市区连绵化现象时提出"大都市带"（Megalopolis）的概念[1]，用来形容美国东北部由都市区通过集聚作用形成的宏伟城市发展现象[2]。戈特曼认为，大都市带是在特定地区出现的沿着特定轴线发展的巨大的多中心城市网络，城市之间通过人口、交通、信息、资金等各种流动发生着强烈的相互作用。

1983年，宁越敏等以"巨大都市带"的译名将戈特曼的思想系统引入中国，指出"巨大都市带是具有世界最大的城市现象、有政治经济上的中枢作用及超越城市和国际港口的核心作用"[3]。杜德斌、宁越敏提出，都市带是城市化发展到高级阶段的产物，是由众多规模大小不同、彼此密切联系的城市组成的网络体系[4]。

1.1.2 界定

1961年，戈特曼分析了美国东北部大都市带的多中心的空间结构和多样性的功能结构，指出大都市带具有两大功能：第一是枢纽功能，大都市带成为区域内各种发展轴线的枢纽、国家对内以及对外联系网络的枢纽；第二是孵化器功能，各种新思想、新技术在大都市带形成并向别的区域扩散。戈特曼为大都市带设定了两个定量的下限指标，即人口规模2500万、人口密度为250人/平方千米[5]。

周一星认为 Megalopolis 是都市区的连绵，而不是城市建城区的连

---

[1] Gottmann J. Megalopolis or the urbanization of the northeastern seaboard. Economic Geography, 1957, 33（3）：189—200.

[2] Baigent E, Geddes P, Mumford L, Gottmann J. Divisions over 'Megalopolis'. Progress in Human Geography, 2004, 28（2）：687—700.

[3] 丁洪俊，宁越敏：《城市地理概论》，安徽科学技术出版社1983年版。

[4] 杜德斌，宁越敏：《论上海与长江三角洲城市带的协调发展》，《华东师范大学学报》（哲学社会科学版）1999年第4期。

[5] Gottmann J. Megalopolis：the urbanized northeastern seaboard of the United States. New York：Twentieth Century Fund, 1961.

绵。大都市带内部可能有与城市联系密切的农村地域的存在。周一星总结了大都市带形成的五个条件：①区域内有比较密集的城市；②有相当多的大城市形成各自的都市区，核心城市与外围的县有着密切的社会经济联系；③有联系方便的交通走廊把这些核心城市连接起来，使都市区之间也有着密切的社会经济联系；④必须有相当大的总规模，戈特曼坚持以 2500 万人为下限；⑤是国家的核心区域，具有国际交往枢纽的作用①。

1.2 都市连绵区（Metropolitan Interlocking Region，MIR）

1.2.1 概念

受戈特曼大都市带及麦吉 Desakota 理论的启发，1988 年，周一星提出都市连绵区（Metropolitan Interlocking Region，MIR）的概念②，其尺度与大都市带相似。都市连绵区是以若干城市为核心，大城市与周围地区保持强烈的交互作用和密切的社会经济联系，沿一条或多条交通走廊分布的巨型城乡一体化区域。他分析了 MIR 的形成条件，认为其是经济高效的空间组织形式，而且是动态发展的阶级性产物。实际上，MIR 是城市群发展的一种更高级空间形态。

胡序威（2003）③认为，都市连绵区是在经济发达、人口稠密的地区，随着城市化的不断进展，使原先彼此分离的多个都市区，逐渐在更大地区的范围内紧密连成一体而形成的城镇密集地区，是城镇密集地区城市化向高级阶段发展后所出现的空间结构形态。

1.2.2 界定

周一星提出中国都市连绵区的界定标准：①两个超过百万人口的城市作为增长极；②具有重要的港口；③方便的交流线路作为发展走廊，连接各个增长极以及增长极和港口；④在走廊沿线许多小城市或者中等规模的城市；⑤城乡之间强烈的经济互动④。

---

① 周一星：《中国都市区和都市连绵区研究》，《城市地理求索：周一星自选集》，商务印书馆 2010 年版。

② 周一星：《城市地理学》，商务印书馆 1995 年版。

③ 胡序威：《对城市化研究中某些城市与区域概念的探讨》，《城市规划》2003年第 4 期。

④ Zhou Yixing. The metropolitan interlocking regions in China: a preliminary hypothesis. N Ginsburg, T G McGee. The extended metropolis: settlement transition is Asia. Honolulu: University of Hawii Press, 1991: 89—111.

1.3 都市区（Metropolitan Area）

1.3.1 概念

都市区，日本称之为都市圈，其在城市管理、城市规划等方面具有重大价值。

1993年，在国家自然科学基金人文地理学第一个重点项目的资助下，国内8家单位的科研人员对珠三角、长三角、京津唐、辽中南4个沿海城镇密集地区开展了翔实的研究。该研究首先强调对都市区的界定。所谓都市区（Metropolitan Area）是指一个大的人口核心以及与这个核心具有高度的社会经济一体化的邻接社区的组合，一般由县作为构造单元，是国际上常用的城市功能上的统计单元。

胡序威（2003）[①]认为，"都市区"的概念可以超越市区界，是一个以大中城市为中心，由外围与其联系密切的工业化和城市化水平较高的县、市共同组成的区域，内含众多城镇和大片半城市化或城乡一体化地域，大都市区往往是跨城市行政区的区域联合。

宁越敏（2003）[②]提出，"（大）都市区"是城市功能区的概念，它由具有一定人口规模的中心城市及周边与之有密切联系的县域组成，中心城市是核心区，周边县域是边缘区。

刘君德（2003）[③]指出，"都市区"是规模较大的一个或二三个中心城市和外围与中心城市紧密相连的若干小城市的地域空间，在很多情况下，都市区和都市圈可以相互通用。

孟晓晨、马亮（2010）[④]针对国内学者对都市区概念理解的不足，强调了都市区是以劳动力市场来界定的，并说明了都市区是在市场经济条件下形成的一种城市空间组织形态，它可以实现城市劳动市场的高效运作、土地资源的高效利用和交通系统的高效运行。

1.3.2 界定

周一星给出了中国都市区的界定标准：①凡城市实体地域内非农业人口在20万人以上的地级市可视为中心市，有资格设立都市区；②外围县必须同时满足三个条件，即全县（或县级市）GDP中来自非

[①] 胡序威：《对城市化研究中某些城市与区域概念的探讨》，《城市规划》2003年第4期。

[②] 宁越敏：《国外大都市区规划体系评述》，《世界地理研究》2003年第5期。

[③] 刘君德，陈占彪：《长江三角洲行政区划体制改革思考》，《探索与争鸣》2003年第6期。

[④] 孟晓晨，马亮：《"都市区"概念辨析》《城市发展研究》2010年第9期。

农产业的部分在75%之上，全县社会劳动力总量中从事非农业经济活动的占60%以上，与中心市毗邻或与已划入都市区的县（市）相毗邻①。

1.4 城市群（Urban Agglomeration）

1.4.1 概念

"城市群"是我国的特色名词。对城市群的译法，《中华人民共和国国家标准——城市规划基本术语标准》（1998）采用"Agglomeration"，而《中华人民共和国国民经济和社会发展第十一个五年规划纲要》（2006）则译为"Urban Agglomeration"。我国的"城市群"概念在国外没有对等的概念，而"Urban Agglomeration"在西方文献中意为"城市集聚体"。联合国对"城市集聚体"的定义为：由一个城市或城镇的中心城区与郊区边缘地带或毗邻的外部地区组成；一个大的城市群可能包括几个城市或城镇郊区及其边缘地区②。

1992年，姚士谋等对中国城市群开展了系统的研究，其著作《中国城市群》③中定义了城市群（Urban Agglomerations），即在特定的地域范围内具有相当数量的不同性质、类型和等级规模的城市，依托一定的自然环境条件，以一个或两个超大或特大城市作为地区经济的核心，借助于现代化的交通工具和综合运输网的通达性，以及高度发达的信息网络，发生与发展着城市个体之间的内在联系，共同构成一个相对完整的城市"综合体"。

1995年，顾朝林在《中国城镇体系研究》④一书中提出，城市群是由若干个中心城市在各自的基础设施和具有个性的经济结构方面，发挥特有的经济社会功能，而形成一个社会、经济、技术一体化的具有亲和力的有机网络。

此后，我国理论界很多学者对城市群的概念进行了各自的表述，较有影响的主要观点列举如下：

---

① 胡序威、周一星、顾朝林等：《中国沿海城镇密集地区空间集聚与扩散研究》，科学出版社2000年版。
② 顾朝林：《城市群研究进展与展望》，《地理研究》2011年第5期。
③ 姚士谋等：《中国城市群》，中国科学技术出版社2001年版。
④ 顾朝林：《中国城镇体系研究》，商务印书馆1995年版。

表4　　　　　　　2000年以来国内理论界对城市群概念的界定

作者	年份	主要观点
邹军、张京祥、胡丽娅①	2002	城市群是指一定地域范围内集聚了若干数目的城市，它们之间在人口规模、等级结构、功能特征、空间布局，以及经济社会发展和生态环境保护等方面紧密联系，并按照特定的发展规律集聚在一起的区域城镇综合体。
吴传清、李浩②	2003	城市群是指在城市化过程中，在特定地域范围内，若干不同性质、类型和等级规模的城市基于区域经济发展和市场纽带联系而成的城市网络群体。
刘静玉③	2004	城市群是在城市化过程中，在一定的地域空间上，以物质性网络（由发达的交通运输、通讯、电力等线路组成）和非物质性网络（通过各种市场要素的流动而形成的网络组织）组成的区域网络化组织为纽带，在一个或几个核心城市的组织和协调下，由若干个不同等级规模、城市化水平较高、空间上呈密集分布的城镇通过空间相互作用而形成的，包含有成熟的城镇体系和合理的劳动地域分工体系的城镇区域系统。
戴宾④	2004	现代意义上的城市群实际上是一个城市经济区，即是以一个或数个不同规模的城市及其周围的乡村地域共同构成的在地理位置上连接的经济区域。同时，城市群是一定区域内空间要素的特定组合形态，由一个或数个中心城市和一定数量的城镇结点、交通道路及网络、经济腹地组成的地域单元。它在结构状况（产业结构、组织结构、空间布局、专业化程度）、区位条件、基础设施、要素的空间集聚方面比其他区域具有更大的优势，能够通过中心城市形成区域经济活动的自组织功能。因此，城市群是区域经济活动的空间组织形式。
郁鸿胜⑤	2005	城市群是在具有发达的交通条件的特定区域内，由一个或几个大型或特大型中心城市率领的若干个不同等级、不同规模的城市构成的城市群体。城市群体内的城市之间在自然条件、历史发展、经济结构、社会文化等某一个或几个方面有密切联系。其中，中心城市对群体内其他城市有较强的经济、社会、文化辐射和向心作用。
钟海燕⑥	2006	城市群是城市区域化和区域城市化过程中出现的一种独特的地域空间组织形式，是城市化发展到一定水平的标志和产物。它是指在一定的区域范围内，以一个或几个大型或特大型中心城市为核心，包括若干不同等级和规模的城市构成的城市群体，他们依托空间经济联系组成一个相互制约、相互依存的一体化的城市化区域。

① 邹军、张京祥、胡丽娅:《城镇体系规划》，东南大学出版社2002年版。
② 吴传清、李浩:《关于中国城市群发展问题的探讨》，《经济前沿》2003年第21期。
③ 刘静玉:《城市群形成发展的动力机制研究》，《开发研究》2004年第6期。
④ 戴宾:《城市群及其相关概念辨析》，《财经科学》2004年第6期。
⑤ 郁鸿胜:《崛起之路:城市群发展与制度创新》，湖南人民出版社2005年版。
⑥ 钟海燕:《成渝城市群研究》，中国财经出版社2007年版。

续表

作者	年份	主要观点
苗长虹[①]	2007	城市群是在一定规模的地域范围内，以一定数量的超大或特大城市为核心，以众多中小城镇为依托，以多个都市区为基础，城镇之间、城乡之间紧密联系而形成的具有一定城镇密度的城市功能地域。
倪鹏飞[②]	2008	城市群是由集中在某一区域、交通通讯便利、彼此经济社会联系密切而又相对独立的若干城市或城镇组成的人口与经济集聚区。
刘勇[③]	2009	城市群是由若干相临地级以上城市组成的、具有密切分工与协作关系（人流、物流、资金流和信息流达到一定水平）的城市集群。同时，他认为，"这样定义的城市群绝不仅仅是分析城市集群发展的一般概念，二是与我国完整的4层次区域经济体系密切相关的，事实上这样确定的城市群就是我国完整区域体系的第三个层次——确定区域特色的分工与协作关系的最重要的经济区划层次（或称分工协作经济区或功能经济区）。"

1.4.2 界定

目前，学术界对城市群缺乏普遍认可的、清晰的界定，城市群没有明确的人口规模标准和空间范围，由此引发了诸多分歧。

姚世谋等（2001）[④]认为城市群区域范围界定的导向性原则有3个，即客观性原则，可识别性原则，城市的辐射与吸引作用的阶段性和模糊性、统一性及其空间相互作用联系原则。城市群区域范围界定的方法有4种：依据市场引力公式、采用经济区划分方法、按照行政区划的方法进行划分，以及分析计算各中心城市经济联系的强度。他们同时提出超大城市群型空间范围界定的10条标准：①城市群区域总人口在1500—3000万人；②区域内特大超级城市多于2座；③区域内城市人口比重大于35%；④区域内城镇人口比重大于40%；⑤区域内城镇人口占省区比重大于55%；⑥等级规模结构较完整，形成5个等级；⑦交通网络密度，铁路网密度处于250—550千米/万平方千米，公路密度处于2000—2500千米/万平方千米；⑧社会商品零售占全省比重大于45%；⑨流动人口占全省、区比重大于65%；⑩工业总产值占全省、区比重大于70%。

---

① 苗长虹：《中国城市群发育于中原城市群发展研究》，中国社会科学出版社2007年版。
② 倪鹏飞：《中国城市竞争力报告》，社会科学文献出版社2008年版。
③ 刘勇：《我国城市群演进轨迹与前瞻》，《改革》2009年第4期。
④ 姚士谋等：《中国城市群》，中国科学技术出版社2001年版。

苗长虹（2007）[①]提出了城市群界定的6条原则：①至少有一个人口在200万人以上的超大城市或一个副省级以上城市或两个人口在100万以上的特大城市；②与核心城市的通勤距离不超过4个小时；③区域范围应达到2万平方千米以上；④建制市的数量不少于5个；⑤为便于统计处理，地级市所辖的所有县（市）全部纳入；⑥政府部门和学术界相对公认的名称和区域范围。

董青[②]也提出了界定城市群的原则：①是所在区域经济增长的极核，对区域经济的带动组织作用明显，至少可以组织和带动所处省级尺度范围的发展，具有省级意义；②拥有一个副省级以上城市或几个具有省级意义的核心城市，至少包括两个以上地级及以上城市，建制市的数量不少于3个；③城市群的其他城市与核心城市的联系密切，地域邻接，通勤距离不超过4个小时；④城市群的GDP在200亿元以上，区域范围达到1.5万平方千米以上；⑤政府部门和学术界相对公认的名称和区域范围；⑥区域范围按行政区范围界定。

2 国外城市群发展经验

目前，世界上已形成了纽约、伦敦、东京、巴黎及北美五大湖等都市圈。这些都市圈人口规模宏大、地域广阔、经济和要素集聚度高、国际交往能力强，汇聚了当今世界的最大财富和最先进生产力，成为世界经济发展的重要"引擎"，在城市经济和全球经济竞争中扮演着越来越重要的角色。

2.1 纽约大都市圈

纽约都市圈位于美国东北部大西洋沿岸平原，世界五大都市圈之首，北起缅因州，南至弗吉尼亚州，跨越了10个州，其中包括波士顿、纽约、费城、巴尔的摩和华盛顿5个大城市，以及40个10万人以上的中小城市。该区域总面积约13.8万平方千米，占美国陆地面积的1.5%。圈内人口达到6500万，占美国总人口的20%；城市化水平达到90%以上，集中了美国70%的工业。

纽约都市圈的演化经历了大致四个阶段[③]：第一阶段是1870年之前

---

① 苗长虹：《中国城市群发育于中原城市群发展研究》，中国社会科学出版社2007年版。

② 董青等：《中国城市群划分与空间分布研究》，《城市发展研究》2008年第6期。

③ 张晓兰：《东京和纽约都市圈演化机制与发展模式分析》，吉林大学2010年版。

的孤立分散的城市发展阶段。这一阶段伴随着交通与工业的发展，大量的城外人口聚集到城市，城市规模迅速膨胀。由于各城市间的联系较少，显现出彼此独立发展的状况。小城市更是出现了一种松散分布的状态，整个地域空间板块结构极其松散。第二阶段是1870年后到1920年初的单中心城市体系形成阶段。随着产业结构的变化和横贯大陆铁路网的形成，城市数量急剧增加、规模不断扩大、区域内的城市化水平提高、各城市的建设区基本成型，整个区域逐渐形成了以纽约、费城两个超级城市为核心的城市发展轴线。第三阶段是1920年到1950年的多中心都市圈雏形阶段。城市发展不断向周边郊区扩展，超越了建成区的地域界限，逐渐形成了大都市圈。第四阶段是1950年以后的大都市圈发展成熟阶段。随着城市郊区化的出现，都市圈的空间范围在扩大，且沿着以纽约、费城两个超级城市为核心的城市发展轴线扩散。圈内各城市的形态演化以及枢纽功能走向成熟，逐渐形成了以纽约为核心的都市圈。

纽约都市圈的形成与发展最主要的动力是其地缘优势的外向型经济基础。纽约依靠其港口的优势，通过海运带动国际经济与贸易，并充分利用世界资源、发达国家的先进技术、有序的区域分工格局等，迅速发展成为区域经济的核心力量，并且通过这一股核心力量不断地向周围区域进行扩散与辐射，带动周边城市的发展，形成大规模的产业集聚与城市的蔓延。在此基础上，市场机制有效地调节了区域内资源的配置，加强了城市功能的互补性，加快了生产要素的自由移动，增加区域发展的收益，加快了都市圈经济的发展。

2.2 北美五大湖都市圈

北美五大湖都市圈分布于五大湖沿岸，从芝加哥向东，经过底特律、克利夫兰、匹兹堡，一直延伸到加拿大的多伦多和蒙特利尔，共包括35个城市，面积24.5万平方公里，占全美的2.6%，人口超过5000万，占全美的15.4%。它与美国东北部大西洋沿岸都市圈共同构成北美发达的制造业带。其中，该都市圈有超过200万人口的城市5个、100万人口以上的城市20多个，GDP在2.5万亿美元以上，人均约3万美元，制造业产值占全美的40%以上，形成了一个特大工业区域。

五大湖都市圈在空间上显得宽大而松散。与纽约都市圈相比，五大湖都市圈整体发育尚处于较初级水平。圈内不仅核心城市的国际影响力有限，而且由于地跨两国及五大湖区，导致主要城市之间的联系比较松散，缺乏统一的区域规划，在城市功能和主导产业上也远未形成错位发展、各具特色的格局，仅仅在空间上结成了所谓的都市密集区，属都市圈发育较初级阶段的空间结构。

五大湖都市圈的崛起，其经验可以大致总结为以下三点：

第一，构建多层次、跨区域的社会协调机制。这种协调机制主要体现在两个层面上。首先是在都市圈范围内，2003年，大湖地区的51个城市一同成立了一个区域协调委员会，各市市长或其他负责人定期碰头，商讨通过采取统一行动解决一些跨区域的公共问题。其次是在核心城市内部，芝加哥率先建立起了政府和市场、社会的多边协作机制，其最突出的标志就是在一系列重大决策事务上邀请民间组织的有效参与。民间组织的高度专业化，使得他们提出的建议、制定的标准既切合实际，又能引领产业发展的方向。

第二，积极推动城市经济结构的转型与多元化。作为一个完整的都市圈，在长期的功能演变、市场选择和产业升级中，圈内主要中心城市必然面临着工业经济的衰落以及适时向服务经济的转型难题，特别是对一些过去以制造业为主导的专业性城市而言，由于经济结构相对单一，这种转型往往更显艰难而漫长。近几十年来，芝加哥和底特律一直在探索经济转型和提升城市可持续发展能力的方式和路径。

第三，强化环境保护措施，构筑有效的环保体系。完成产业升级，促进昔日制造业中心向研发基地和服务中心转型，少不了人才和资金的支持。如何吸引高素质人才和大公司在这里落户扎根，是芝加哥、底特律等这些老工业基地面临的最大挑战。为此，治理污染，构筑有效的环保体系，重塑优美的生活和居住环境，就成了当地政府的首要任务。同时，这些城市政府不但注重在政策上引导全社会保护环境，节约能源，积极提供资金和项目支持，在绿色环保技术和模式上也同样作出了示范。

2.3 巴黎都市圈

巴黎都市圈主要由大巴黎城市群、莱茵—鲁尔城市群、荷兰—比利时城市群所构成，覆盖了法国巴黎、荷兰阿姆斯特丹、鹿特丹、比利时安特卫普、布鲁塞尔和德国的科隆等大城市，包括了4个国家的40个10万人口以上的城市，总面积14.5万平方公里，总人口4600万人。

以巴黎市为中心，沿塞纳河、莱茵河延伸，巴黎都市圈在空间上分为三个圈层：第一圈层是巴黎市，包括巴黎市辖20个区，总面积105平方公里，虽不足巴黎大都市区的1%，但却集聚了巴黎大都市区19%的人口（213万人，2000年）和36%的GDP（1445亿欧元，2000年）；第二圈层是巴黎大都市区，简称巴黎大区，包括巴黎市区、近郊3个省和远郊4个省，辖区总面积12012平方公里，总人口1113万人，2005年GDP为4808

亿欧元，占整个法国 GDP 的 28.6%，是欧洲集聚度最高和最有竞争力的地区；第三圈层是巴黎大都市圈，即上面所述以巴黎为核心，跨越 4 国，涵盖三大城市群的巨型城市化区域。由于地处欧洲南北轴线的中间，巴黎都市圈占据着欧洲市场的中心位置。

在巴黎都市圈的形成过程中，规划引导起着至关重要的作用。1932 年，法国第一次通过法律提出打破行政区域壁垒，根据区域开发需要设立巴黎地区，并对城市发展实行统一的区域规划；1956 年，《巴黎地区国土开发计划》提出规划建设的 5 座新城，形成与市区互为补充的城市体系。国家对新城优惠政策的连续性，使得新城建设实现了快速发展；1960 年，《巴黎地区整治规划管理纲要》获得通过，该纲要规划沿城市主要发展轴和城市交通轴建设卫星城市，利用城市近郊发展多中心城市结构；1989 年 7 月，政府对《巴黎地区整治规划管理纲要》进行修订，并于 1994 年获得议会批准，称为《巴黎大区总体规划》，该规划是巴黎大区发展必须遵守的法律文件，其体现的思路是：保持城市之间的合理竞争，在大区内各中心城市之间保持协调发展，在各大区之间保持协调发展。

为了加强巴黎都市圈与其他世界城市的联系，巴黎重点发展航空与高速铁路，在具体项目中注意航空港的建设如何积极适应对外开放的需求，并且留有足够的发展用地。发达的高速铁路网既可以使法国城市与欧洲其他大城市之间联系得更加便捷，又可以促进巴黎都市圈内的联系，使区域的社会功能高效地运转，为人们的工作、娱乐、休憩等各种活动提供最为方便的服务。

2.4 伦敦都市圈

伦敦依托产业革命后英国主要的生产基地形成了伦敦都市圈。伦敦都市圈以伦敦—利物浦为轴线，包括伦敦、伯明翰、谢菲尔德、曼彻斯特、利物浦等数个大城市和众多中小城镇，形成于 20 世纪 70 年代。这一地区总面积约 4.5 万平方公里，占全国总面积的 18.4%；人口 3650 万，约占英国 60% 的城市人口；作为产业革命后英国主要的生产基地和经济核心区，其经济总量约占英国的 80% 左右。

伦敦都市圈在空间结构上包括四个圈层：一是内伦敦，包括伦敦金融城及内城区的 12 个区，是都市圈的核心区，面积 310 平方公里；二是伦敦市或大伦敦地区，包括内伦敦和外伦敦的 20 个市辖区，构成标准的伦敦市统计区，总面积 1580 平方公里；三是伦敦大都市区，包括伦敦市及附近郊区的 11 个郡，属于伦敦都市圈的内圈，总面积 11427 平方公里；四是伦敦都市圈，即包括上述等邻近大城市在内的大都市圈，属于伦敦都市圈的外圈。其中，由伦敦城和其他32个行政区共同组成的大伦敦是这个都市圈的核心。作为整个都市圈的龙头，这片约1600平方公里的土地，从工业中心逐渐演变成金融和贸易中心。

伦敦都市圈由封闭到放射，最后形成圈层结构，前后历经了50年，其形成与发展主要表现出如下三大特征：

第一，18世纪后半叶的第一次工业革命为城市化提供了必要的社会经济条件，也为伦敦都市圈的形成奠定了良好的工业基础。之后，伦敦都市圈又成功经历了从工业向服务业的转型升级。20世纪70年代末到80年代初，伦敦以金融业和制造业支援服务取代了传统工业，此后30年，以法律服务、会计服务和商业咨询为主的商务服务业在伦敦异军突起。而在过去的10年，随着金融服务业发展趋缓，创意产业开始为伦敦注入新的发展动力。

第二，伦敦都市圈在建设过程中坚持始终如一的基本指导思想。伦敦的城市圈雏形最早形成于1800年，在"巴罗委员会"规划的4个同心圈基础上，1971年进一步确定了由内伦敦、大伦敦、标准大城市劳务区和伦敦大都市圈四个圈层构成的圈域型伦敦都市圈。

第三，在伦敦城市规划过程中，政府运用法律手段予以的支持起到了重要作用。英国议会1944年通过的《绿带法》、1946年通过的《新城法》，不仅推动了大伦敦的发展，也促进了伦敦都市圈的形成。

2.5 东京都市圈

东京都市圈是世界上人口密度最大的国际都市圈。东京都市圈由以东京市区为核心、半径80千米的区域组成，包括东京都、神奈川、千叶、琦玉、群马、茨城、山梨和杨木等七县。总面积约13400平方千米，占日本陆地面积3.5%左右；人口有3400多万，大概占全国人口27%的比例；GDP更是占到日本全国的1/3；城市化水平达到80%以上。

东京都市圈的形成动力主要源于三方面：

第一，日本地窄人稠的自然人文条件，重化工业化、外向型经济的发展造就的临港工业地带，形成大规模、高密度的城市社会，促使人口的高速增长和城市化进程的加速，既提高了大型城市的人口规模和密度，还提高了经济效率，形成了日本独特的人口大城市化和都市圈化的城市化模式。

第二，与西方主要大都市相比，东京都市圈是以政府为主导积极推动都市圈规划建设并取得成功的典型。以东京为核心的首都都市圈规划大约每十年修订一次，现已进行了五次大规模的规划。首都圈规划每次均根据国际背景变化、国内战略要求和东京承担的历史使命的变迁，作出适应性调整和完善。

第三，以轨道交通为主导的现代交通网建设对加强都市圈内部联系作用显著。东京都市圈是一种以轨道交通为中心的交通发展模式，每一次都市规划也都遵循"优先公共交通"的原则。城市电气列车、新干线、轻轨、高架电车等各种轨道交通路线，构成了东京与各个据点城市、业务城市的重要纽带，全世界最密集的轨道交通网有效地支撑了整个东京都市圈。目前，在东京都市圈内，超过30家公司经营着总长约2000公里的轨道交通线路。

在以上众多因素的影响下，东京都市圈在空间结构上形成了三个圈层：一是东京都内城区，包括东京都心三个商业中心区和其余所辖20个区，面积约600平方公里，居住人口820万人；二是东京都地区，包括东京都多摩地区和内城区，面积约2100平方公里，居住人口近1200万人；三是东京大都市区，包括东京都和郊区的7个县，面积约11200平方公里，居住人口约2000万人。其中，东京成为了都市圈的绝对核心，具有高度的首位度和经济集聚度，总部经济功能十分突出。作为都市圈的核心城市，东京的城市功能是高度综合性的，它既有纽约的金融功能，又有伦敦的政治功能，也有波士顿的教育与创新功能，还有比它们强大得多的工业中心功能，是一个集"纽约＋伦敦＋波士顿＋伯明翰"多种功能于一身的世界级城市。

3 国外经验对我国城市群发展的启示

3.1 世界城市群的发展共性

通过对上述五大成熟都市圈发展历程的研究，从中不难发现它们的一些共同之处：

第一，都市圈易在地理区位优越与自然条件良好的区域形成。从历史发展看，人类总是向平原地区集中并依水而居，在平原地区建设城市成本较低，易于大规模发展工业生产和进行产业布局。而人类经济交往与国际贸易发展绝大多数也都是从水路开始，水源与港口促进了城市的发展[①]。大港口在国际贸易中具有运输成本低的优势，成为出口导向型制造业的集聚地，从而成为城市经济发展的支柱。世界级的大都市圈（如美国的纽约都市圈、日本的东京都市圈和英国的伦敦都市圈）通常都是以一个靠近海洋的大港口为中心城市，这既符合人类发展规律，也符合经济学规律。

第二，都市圈内存在一个具有强大辐射带动能力的区域性中心城市。

---

① 施用海、高耀松、章昌裕：《世界都市圈与中国区域经济发展》，中国对外经济贸易出版社2006年版。

在都市圈的形成与发展过程中，各种要素在中心城市的集聚与扩散是最基本的前提。在都市圈形成的初期，区域范围内的人流、物流、资金流和信息流等迅速向中心城市集聚，中心城市的极化效应明显；随着都市圈的进一步发展与产业结构的调整，中心城市原有产业向外扩散，与生产、生活配套的现代服务业则逐步向中心城市集聚，中心城市的总部经济效益增强。一个具有强大辐射带动能力的区域性中心城市，不仅是都市圈的产业发展高地和经济功能组织的核心，也是社会功能的组织和调控中心，同时具有提高都市圈竞争力的科技创新能力。

第三，都市圈内部城市间形成合理的产业协作体系。实现产业结构优化配置，以产业链相连是都市圈形成的必要条件。从纽约、东京、伦敦、巴黎的规划过程可以看出，准确的产业定位和产业链建立，并按照市场经济规律要求，不断进行产业结构优化配置和建立有效产业链是其形成的必要条件。纽约、东京、伦敦、巴黎都市圈的经济建立在内部严密的组织和分工协作基础之上，产业发展坚持多样化，从而使得整个区域的综合性功能远远大于单个城市功能的简单叠加。

第四，发达的基础设施与快捷的交通运输条件为都市圈内城市高效、有序的分工协作体系提供了保障。从纽约、东京、伦敦、巴黎都市圈形成与发展过程看，发达的基础设施与快捷的交通运输成为其完善的纽带，这几个城市都建成了发达的城际轨道交通和四通八达的海、陆、空交通网络，特别是巴黎作为欧洲的交通枢纽，城内交通之便堪称世界之最。

3.2 我国城市群发展的启示

随着我国市场化、全球化步伐的加快，区域一体化发展态势越发明显，大大推动了我国城市群的形成与发展。据有关资料显示，2008年，我国15个城市群的土地面积只占全国国土总面积的14.2%，高度集中了占全国总数47%的人口，工业总产值和地区生产总值占全国的70%以上，利用外资额更是在80%以上[①]。在我国城市群快速发展的今天，借鉴国外成熟城市群的发展经验对推动我国城市群持续健康发展具有重要的意义。

第一，充分发挥市场机制对城市群发展的主导作用。城市群应该是在经济发展规律和市场机制作用下城镇化自然演进的结果，而非人为捏合，也不是一种在任何地方、任何自然地理条件都适合的城镇化布局模式。城市群是在城市各自充分发展的基础上形成的具有经济、社会等多方联系的城市集聚体。在一些欠发达地区，城市各自的功能、产业以及人口向外蔓

---

① 潘家华、魏后凯等：《2010城市蓝皮书：中国城市发展报告》，社会科学文献出版社2010年版。

延的程度尚未达到城市群的发展阶段,在这种情况下,不考虑经济发展规律,太早地规划城市群,过早建设大型区域性基础设施,将会带来土地、资金等方面的浪费,并不能发挥城市间各自的资源优势和产业优势,不易形成城市间分工协作、错位发展的局面,不利于形成规模经济和区域竞争力的提升。

第二,以政府为辅助引导我国城市群协调发展。美国的十大城市群处于沿海或五大湖地区,在分布上比较均匀,形成了辐射内陆的均衡发展动力源。对比来看,我国目前相对发展程度较高的珠江三角洲城市群、长江三角洲城市群和京津冀城市群全部集中在东部沿海一带,对中西部地区的辐射带动能力较弱。从国家尺度来看,在产业向内陆地区转移的背景下,依托我国"三纵两横"城市化战略格局,在城市化水平较高、经济发育程度较好的节点地区积极培育辐射带动中西部发展的区域性城市群,形成由沿海向内陆的城市群梯度发展布局,对提高资源配置效率、推动内陆与沿海地区均衡发展具有重要意义。另一方面,成立跨行政区的协调组织或城市群区域政府,建立健全城市群内部的有效协调机制,将有利于保障群内各城市间的交流与合作。

第三,引导形成完善的城市分工协作体系。城市群内各城市产业分工格局是各城市适应全球、国家或区域内外部环境变化,在彼此的竞争中形成和调整的。换句话说,城市群内部城市间的竞争是不可避免的,但不应该是盲目竞争和不公平竞争,应该避免同步投资、过度竞争。在形成城市群内部优势互补、合理分工、协调发展的产业分工体系过程中,核心城市以其科技、资本和产业的优势,在产业结构调整中通常起着先导作用。核心城市通过产业结构的调整加强了实力,加固了地位,也使周围地区获得了新的发展机遇。相反,如果核心城市产业结构调整缓慢,与城市群区域产业层次不能拉开,竞争大于合作,产业将出现同构现象,城市群区域就难以形成合理高效的产业分工体系。

第四,加强城市群区域一体化的建设。城市群区域一体化建设不仅体现在基础设施方面,更涉及一体化的规划、公共服务、社会管理、生态环境治理、区域补偿体制等诸多方面。相对于交通一体化、产业一体化,受到行政区划分割和地方性公共财政体制的影响,我国城市群社会管理和公共服务一体化的进展比较缓慢。必须不断探索和完善区域内不同城市政府间,以及社会组织跨区域的社会管理和公共服务合作机制,双管齐下,积极推进社会管理和公共服务的一体化,才能进一步发挥城市群的同城效应和提升城市群的均衡发展。

第二节 大理州生态文明建设与特色城镇化融合发展研究

前言

推进新型城镇化进程和树立生态文明理念是我国贯彻落实科学发展观的重大部署。城镇化是经济社会发展走向现代化的必由之路，也是结构优化与升级在地域空间上的一种必然反映。云南作为一个集"边疆、民族、山区、贫困"四位于一体的欠发达省份，迫切需要依托城镇化来聚集发展要素，实现集约化发展，从而有效推动云南的科学发展、和谐发展、跨越式发展，与全国一道全面建成小康社会。2011年以来，云南省委、省政府根据当地的现实条件和实践经验，作出全省各地必须按照"守住红线、统筹城乡、城镇上山、农民进城"的总体要求和建设生态山地城镇的重大战略决策。近年来，各地实践已经取得了良好的成效并积累了许多有益经验。但与东中部地区相比，建设生态型山地城镇和产业园区普遍面临投资强度大、技术复杂程度高、管理体制不顺畅、政策机制不协调等一系列挑战，需要选择部分具有广泛代表性的地区先行先试，为全省乃至我国西南地区生态文明建设探索和积累经验。

大理白族自治州位于云南省西部，是云南省城镇体系下的滇西中心城市，古为"南方古丝绸之路"和"茶马古道"的必经之地，是滇西地区重要的交通枢纽，工业、农业组织核心，也是云南省对外开放和桥头堡建设的重要承载区域，其资源、地形、民俗、产业特征等方面在云南省具有鲜明的代表性。一千多年来，大理州作为云南的政治、经济、文化中心，以秀丽的自然风光、悠久的历史文化、古朴的民族风情闻名中外，是云南省最具潜力的生态文明建设的排头兵和滇西城镇化进程的领跑者。2012年9月—2013年10月，在深入实地调查研究，收集、分析和总结发展经验，找准存在问题的基础上，大理州委州政府组织编制了《云南大理白族自治州生态山地城镇发展战略规划》（以下简称《规划》），提出生态山地城镇建设的战略思路和总体构想，重点分析大理州生态山地城镇建设的现实基础、主要途径、规划思路和大理州的实践经验。

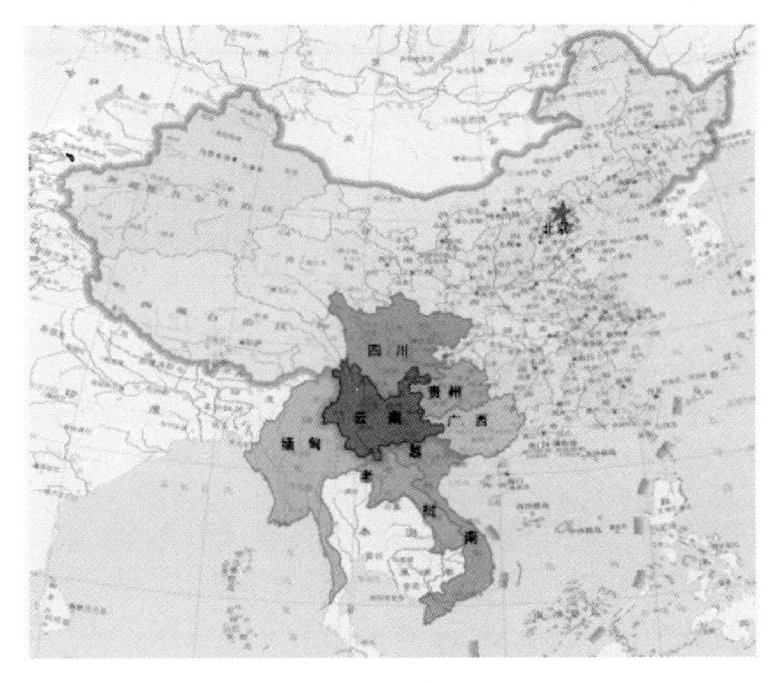

图1　大理州区位图

一、现状与潜力

1. "桥头堡建设"和"城镇上山"是云南省城镇化发展的突破口

云南省地处西南山区，受到交通和用地条件限制，散居特征明显。从第六次人口普查数据来看，2011年，云南省人口总数位于全国第12位，城镇化水平为全国第25位，人口聚集特征相对明显的区域包括昆明、曲靖、玉溪等滇中城市。分散的发展模式为城镇化发展带来一定阻力，基础设施配套成本过高、利用率低，也给基本农田保护、生态保育带来负面影响。据统计，1996年至2010年，云南省城镇化率从16.2%提高到35.2%，新增各类建设用地271万亩，占用耕地211.5万亩，其中城镇化率每提高1%，就有11.1万亩耕地被占用，还不包括其他林地等资源。照此估算，到2030年，要实现达到云南省城镇体系要求的城镇化率65%的目标，将有330万亩耕地被占用，对于云南来说是巨大的损失。因此，通过桥头堡建设和山体城镇建设解决发展的动力和空间问题，成为未来云南省城镇建设的主要方向。"守住红线、统筹城乡、城镇上山、农民进城"是云南城镇化的突破口，也是贯彻落实科学发展观的重大政策创新，为云南省未来城镇化发展和生态文明建设指明了方向。

2. 大理州城镇化基础

2.1 整体上处于城镇化加速发展的前半期

大理州包括大理市和祥云、弥渡、宾川、永平、云龙、洱源、鹤庆、剑川8个县以及漾濞、巍山、南涧3个民族自治县，国土面积2.9万平方千米，山区面积占总面积的93.4%。"十一五"末，大理州城镇人口达114.1万人，城镇化率为36%，比"十五"末增加11%；全州城镇建成区面积达138.5平方公里，比"十五"末的110.5平方公里增加了28平方公里，城市规模不断扩大。大理州的城镇化水平居于滇西城镇群首位，但低于滇中城镇群城镇化水平（51.3%），也低于全省（36.8%）和全国（51.27%）的城镇化水平。大理州与云南省城镇化进程总体呈现出一定的同步性，处于城镇化加速发展的前半期，城镇化的快速发展将持续很长一段时间，可为滇西地区的长期发展提供巨大的结构调整支持。但是，大理州与滇中地区及全国城镇化水平仍有一定差距，对打造云南省滇西地区重要增长极和我国面向西南开放桥头堡城市的支撑力还不足，急需加快发展。

表1-1　　　　　　　　2011年滇中与滇西地区城镇化率比较

地区	城镇化率（%）
滇中地区	51.3
昆明市	65.4
曲靖市	68
玉溪市	38
楚雄市	33.8
滇西地区	31.4
大理州	36
德宏州	35
保山市	31.7
怒江州	22.7

2.2 自然条件决定城镇体系的差异性

全州人口集中分布在经济发展条件较好的大理市下关镇周边乡镇及各县城关镇，大部分居民点位于距离公路1500米以内区域，沿坝区集聚及低丘缓坡与坝区交汇地带集聚分布。其他多数县由于县域经济发展总体水平不高，县域经济总量小，产业支撑和城镇容纳力还不强。特别是西部的剑川、云龙、永平、南涧等县属藏滇地槽褶皱区（又称三江区）山高谷

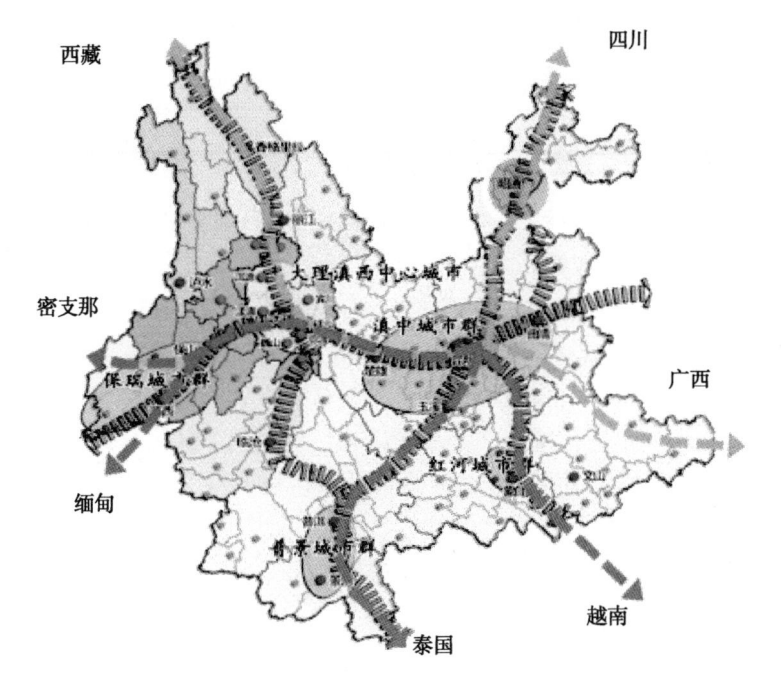

图 2　云南省城镇体系图

深，属地质灾害多发区，可利用低丘缓坡用地极少，城镇化水平低。大理州城市总体规划确定了"1+6"滇西中心城市群，加快大理市与祥云、宾川、弥渡、巍山、漾濞和洱源6个县一起发挥整体优势，但经济社会极化现象较为明显，大理市优势地位显现，但不足以带动全州经济社会的跨越式发展。平原地区在中心城区大集聚的城镇化发展模式在大理并不适用。如何根据各县市的社会经济基础、自然条件差异性及地方民俗文化多样性寻找特色化城镇化发展模式，是大理州转型发展阶段迫切需要解决的问题。

2.3　农村剩余劳动力转移决定城镇化动力机制

"十一五"末全州非农业人口46.09万人，只占总人口的13%。全州农村劳动力191.26万人，占农业人口的62%；富余劳动力72万人，外出务工劳动力42.16万人，占富余劳动力人数的58.6%。根据全州农业富余劳动力数量来看，预计还有近30万人左右可以实现转移。同时，流入人口总量远远小于流出人口，流出人口为流入人口的2倍。大理州外出半年以上人口，省内占51.3%，省外占48.7%，农村富余劳动力呈现"以省内就近就地转移和农业内部转移为主、省外转移为辅"的特色格局。同时，农民人均拥有林地面积9.9亩，是人均耕地的10.6倍，已经建立起以高原特色农业、特色经济林产业、林下经济、生物资源加工、生态旅游等为支撑的绿色富民产业。省内流动就业是城镇化主体,生态经济发展对促进农民增收、农民就近就地城镇化发挥了重要作用。

3. 发展预测

从人口总量和变化特征来看,大理州各乡镇人口仍表现出稳步增长的态势,尤其是大理市及洱源、宾川、祥云、鹤庆几县,人口增加量较大。照此增长速度,初步判断,至2030年,大理总人口将突破450万人,其中大理市人口将达到116万人。人口上30万的城镇包括巍山、祥云、弥渡、宾川、洱源几个县。

城镇化加速阶段,也是土地需求增大的阶段。根据全国第二次土地利用现状调查统计,坝区占54%,山区、半山区占46%。全州林业用地3053万亩,占国土总面积的71.8%。若将低效林地、荒坡荒山地充分利用,作为山地城镇发展空间,通过占补平衡等措施提高林业和农业种植面积,不仅可以满足用地空间要求,也是改善生态环境的有力手段。

二、机遇与挑战

1. 主要机遇

一是国家大力推进生态文明建设为大理州生态山地城镇建设吹响了新的奋斗号角。党的十八大把"推进生态文明,建设美丽中国"提升到一个更高的战略层面,这为大理州新型城镇化发展提供了行动指南。大理州要坚定不移地走绿色、低碳、生态发展之路,打造"城在山中、山在城中、房在林中、人在绿中"的格局。二是国家深入实施西部大开发战略,加大西部地区的扶持力度,为进一步完善基础设施、加强生态环境保护、培育壮大特色优势产业、促进社会事业发展提供了难得的发展机遇。三是国家实行更加积极的开放战略,把云南建设成中国面向西南开放的桥头堡,加大云南大通道、大窗口、大平台、大基地建设,可以更好地利用国际国内两个市场、两种资源,促进交通枢纽、信息平台和产业基地建设,加快自身发展。四是在全省未来发展战略布局中,明确提出要加快大理州滇西中心城市建设,加快推进城镇化进程,培育经济增长极,统筹城乡协调发展。

2. 主要挑战

一是生态系统较为脆弱,生态破坏依然突出,特别是苍山洱海保护任务繁重;林业经济面临林分结构不合理,低效林地、无林地、坡耕地等较多制约，发展压力将持续加大。二是三次产业的产业化程度较低，发展不协调，综合竞争实力不强、发展方式落后、结构调整不快是制约科学发展的关键环节，特别是产业结构中高新技术产业和产品比重较小，行业集约化程度低，改造和提升传统工艺技术的任务十分艰巨。三是生态山地城镇建设缺少政策支持，多部门协同不够，现行管理政策中山地与坝区实行无差别的管理控制，但是山地受地质环境和自然地形地貌的影响，土地有效利用率、土方填挖沉降期、土地整理周期、开发成本等与坝区存在显著差异，生态山地城镇要有效解决"上得去、上得起、上得好"的问题，迫切需要化解融资难题，加大投资强度，投入更多资金用于基础设施和公共服务设施建设；需要强化科技研发，采用更多新工艺新手段，有效解决各类技术难题；需要更加完善的政策措施，建立协调高效的运行机制，促进资源要素向山地城镇聚集。

大理州浓缩了我国西南地区山地城镇面临的基本问题，面临着生态山地城镇建设中所有绕不过去的难题，因此，大理州生态文明建设与特色城镇化融合发展在云南省具有先行先试的意义。

三、定位与战略

1. 发展定位

——国家创新型生态文明示范区。以生态文明为指引，以七彩云南保护工程为载体，强化苍山洱海等重点生态功能区保护建设。积极探索苍山洱海生态文明建设可推广模式，创新山地新能源开发利用方式、土地利用方式、山地特色村落保护和生态经济发展模式，改善山地人居环境，塑造宜居宜业宜游、生态文明的新型城镇风貌，努力走出一条生态化、低碳化、人文化和可持续的城镇化路子，建成"美丽云南"的重要板块，为全国生态文明建设起到示范作用。

——云南特色城镇化建设创新区。坚持以人为本、统筹兼顾、协调推进、合理布局，积极构建区域性中心城市、特色中小城市、中心镇和特色村寨功能互补、梯次明显、结构合理的城镇村一体化体系，着力提升城镇化发展水平和质量；加强绿色环保、循环生态的现代生态型产业集群发展，引导人口向重点开发区域合理迁移，率先走出一条云南特色新型城镇道路、新模式，创建多样性区域城乡一体化发展的典范。

——云南省内陆对外开放窗口。进一步扩大对外对内开放，积极融入中国面向西南开放桥头堡建设，加强与东南沿海发达地区、中西部地区的合作，支持建设承接产业转移示范区，推动飞地产业园区建设，促进民营经济发展，不断拓展新的开放领域，构建内外联动、互利共赢、安全高效的内陆开放型体系。

2. 发展方向

以生态山地城镇为发展特色，创新土地利用模式，科学规划，引导城乡空间向"核心聚集、有机分散"方向发展，实现功能完善、生态和谐的生态城镇体系，推进生态文明和幸福大理建设。

以资源的可持续利用为前提，合理发展资源型产业，鼓励发展高新技术产业和低碳环保产业，推进以绿色食品加工、民俗手工业为特色的生态产业建设。

以交通为支撑，推动滇西中心城市建设，打造六个中心特色，即商业中心、金融中心、民俗文化旅游中心、医疗中心和教育中心。

以深化改革为推动力，创建对外开放平台，在产业、金融、旅游、文化等各方面加大制度创新力度，更好地推动和保障实验区建设。

3. 发展目标

到2020年，全州城镇化率达到50%，70%的新增用地通过山地解决；到2030年，全州城镇化率力争达到65%，80%的新增用地通过山地解决。基本形成以环洱海核心区域为核心区和辐射区、试点项目片区为依托、特色集镇和旅游小镇为基础，融合无界的滇西城镇村一体化的山地城镇化格局，绿色低碳、资源节约、环境友好的生产生活方式和城市运行模式，山坝土地合理利用、国土资源结构优化的发展路径，有利于消除城乡二元结构的体制机制，以及促进城镇上山、产业上山的政策支持体系，最终实现以"就地"城市化、"田园"城市化等为特征的新型城市化发展模式创新，成为空间布局合理、基础设施完善、产业支撑强劲、产城融合互促，山中有城、城中有山，城乡一体、区域协调，绿色低碳、景观优美，人居舒畅、生态和谐，特色浓郁、品质高尚的高原生态山地城镇。

四、经验与探索

1. 积极稳妥推进城镇化，构建高原生态山地城乡一体化格局

规划通过对重点区域城镇化引导，构建符合生态环境要求的大理城镇体系，作为引导"农转城"、生态安全移民的建设依据，实现各级城市的职能和规模相协调。构建"主城、副城、新区、重点镇"四级体系，构建融合无界的滇西城镇村一体化格局。其中，环洱海地区既是大理州城镇化发展的核心区域，也是"1+6"滇西中心城市建设的重要内容，以县

城道路、供排水、电力和电讯管网改造、绿化亮化、环境卫生等基础性建设为重点，大力加强县城基础设施建设，增强县城产业聚集和人口承载能力，吸引农业转移人口进城就业创业。中心集镇和新农村建设，以洱海流域百村整治、中心集镇建设、扶贫开发建设、扶贫综合开发示范园区建设等为载体，改善村镇居住和投资环境，增强村镇的综合服务功能和居住功能，推进就地就近城镇化。规划到2020年，城乡统一的户籍管理制度基本建立，城乡体制基本接轨，城镇户籍人口占总人口的比重上升到45%左右，城镇化率达50%以上，城乡一体化发展格局基本形成，滇西中心城市功能有效发挥。

专栏：大理州统筹城乡转户的工作经验：突出重点地区和重点人群

1. 云南省统筹城乡转户的权益落实要求

农村"五项保留"权益转户后仍然享有，包括土地承包经营权、林地承包权和林木所有权、宅基地及农房使用权、计划生育政策、农村集体经济组织收益分配权等"五项保留"权益。享有城市"五个享有"权益，转户群众与城镇居民享有同等的就业、社保、住房、教育、医疗等权益。

2. 大理州统筹城乡转户的重点区域

一是滇西中心城市"1+6"的大理市主城（大理镇、下关镇，喜洲镇、海东镇、凤仪镇、双廊镇、挖色镇）和6个副城（祥云县城、宾川县城、弥渡县城、巍山县城、漾濞县城、洱源县城），在以上区域内落户、居住的所有"城镇农民"，因其已享有城镇公共资源，实行统转。二是南涧、云龙、剑川、鹤庆、永平县城，大理州统筹城乡发展试点乡镇、旅游小镇和省列特色乡镇的农村居民，鼓励统转。三是各县市其他乡镇，以重点人群和自愿转户的农民为主要对象，鼓励农业转移人口转变为城镇居民。鼓励有条件的山地城镇，根据本地实际探索撤村并点进行中心村建设。

3. 大理州统筹城乡转户的重点人群

一是应优先考虑工业园区建设、开发区建设、水库建设、电力建设、公路建设、城镇建设等重点工程建设中的失地农民，在城镇区划内生活、创业和就业的农民，已在城镇购买房产（含租赁）的本人、配偶、未婚子女及父母，外来投资兴业的农业人口，"城中村"居民，大中专未就业的毕业生，复退转军人及集中供养人员。二是大力发展劳动密集型的实体经济，扶持和鼓励有条件的企业先行引导，以企业职工统一集资建房等形式转移农民工。三是积极引导其他有条件和愿意进城居住发展的农业人口转为城镇居民。

4. 大理州统筹城乡转户的成效

2012年，大理州共转移177710人。全州落实转户居民权益保障经费3689.76万元，参加城镇养老保险1268人，提供就业岗位2480个，提供保障性住房5893套，办理城镇低保8932人，其他权益保障857人。全州转户居民直接带动的消费计3798.98万元，同时，还间接拉动了城乡基础和公共服务设施建设。全州"农转城"户年创造产值20342.2万元，比在农村从事农业生产所创造的产值有大幅增加。"农转城"带动土地流转220987亩，林权流转36734.52亩，土地集中7896亩，从而极大地促进了大理高原特色农业规模化、规范化和产业化，永平、宾川、祥云、弥渡等县市的农民专业合作经济组织发展迅速，运行高效，促进了农业向优势特色区域集中，农村土地向合作经济组织和种植大户集中，工业向产业园区集中，人口向中心村和城镇集中。

2013年，截至10月27日，大理州共完成转户136759人。全州落实转户居民权益保障经费2302.32万元，参加城镇养老保险4764人，提供就业岗位2885个，提供保障性住房1853套，办理城镇低保3573人，其他权益保障6494人。全州转户居民直接带动的消费计13540.6万元。"农转城"带动土地流转3.17万亩，林权流转51.82万亩，土地集中1.21万亩。

（资料由大理州委政研室提供）

2. 集约节约利用土地，建设洱海生态文明示范样本

规划推广大理"两保护、两开发"思路，加大环洱海地区统筹协调大理城乡区域发展的力度，提高海东开发建设强度，降低海西生态承载压力，以开发海东促进海西和洱海保护，通过环境建设、生产消费方式、环境意识、生态政策等方面，打造大理生态城镇建设与特色城镇化融合核心展示区。重点任务包括：

2.1 保护苍山洱海生态禀赋

规划以洱海苍山保护为大理生态文明建设的生态基础，着力加强环洱海流域保护和综合治理，着力实施洱海流域两百个村的"两污"治理、三万亩湿地建设、亿方清水入湖、流域种植结构调整、苍山生态修复和海东生态城市建设、海西城中村改造等重点工程，建设成国内乃至全世界知名的高原山地生态城市。创新生态创建模式，理顺生态补偿与生态服务功

能、扶贫民生及生态保护绩效的关系，加大中央财政支付投入，完善企业风险抵押金制度，争取用5—10年时间建立区域生态补偿政策体系和生态恢复机制，为高原湖泊保护提供一套长效的保护机制。

专栏：大理州洱海生态文明建设之路

洱海是大理州的母亲河，大理州历届党委、政府始终高度重视洱海流域生态文明建设及保护治理工作，确立了洱海保护在大理经济社会发展中的核心地位，逐步探索出了高原湖泊与周边地区的可持续发展之路，洱海成为全国城市近郊保护得最好的湖泊之一。

1. 创新组织机制，强化行政问责。成立了州、县市洱海保护治理领导组，建立了由州、县市领导分别担任主要入湖河道的河（段）长的"河（段）长制"，成立了洱海水污染综合防治督导组，层层签订洱海保护治理目标责任书，实行风险抵押金和行政问责制。流域17个乡镇都成立了洱海管理所或环保工作站，聘请垃圾收集员、河道管理员、滩地协管员共1366名，专门对流域村庄、河道和洱海滩地进行管理保洁。

2. 创新融资机制，强化资金保障。2006年以来，在中央和省的大力支持下，多方筹集资金，累计投入洱海保护治理资金24亿元。建立了按财政增长比例增加对环保投入的机制，广泛筹措社会资金投入洱海保护治理。大理市成立了洱海保护投资建设有限公司，洱源县成立了环保设施运行管理有限公司。

3. 创新工作举措，强化截污治污。一是实施"双取消"、"三退三还"等治湖体系。二是实施控源截污工程。三是恢复环洱海湖滨带58公里，建成罗时江河口湿地、东湖邓北桥湿地、才村湿地等1万余亩。四是实现污染物资源化利用。

4. 创新管理体制，强化科技支撑。一是实施洱海水量生态调度制度。先后两次对《大理州洱海管理条例》进行修订，将洱海正常来水年的最低生态运行水位从原来的1962.69米提高到1964.30米，确保洱海生态用水。二是调整了行政区划。将地处洱海北岸隶属洱源县的江尾、双廊两个乡镇划归大理市，把州洱海管理局调整为市属市管，实现洱海的统一管理。三是坚持规划引领。编制了《洱海绿色流域建设与水污染综合防治》等一系列专项规划，组建"洱海湖泊研究中心"，开展国家重大水专项"洱海富营养化初期湖泊水污染综合防治技术及工程示范项目"等7个课题研究，用试验示范成果推动保护治理工作。

5. 创新宣教方式，强化全民参与。把"走群众路线，密切联系群众，充分发动群众"作为生态文明建设及洱海保护治理的重要举措，发动和组织社会各界积极参与七彩云南大理环保行动、"洱海保护月"等系列宣传活动，营造了人人关心生态文明建设，个个参与洱海保护的良好氛围。

（资料由大理州委政研室提供）

2.2 保护海西田园特色风光

作为大理两保护之一的海西片区，是大理历史文化、民族文化、农耕文化、田园景观精华之地。目前，海西有下关（部分）、大理、银桥、湾桥、喜洲、上关共6个镇、200多个村庄，生活着22万人民群众，有优质耕地13万亩。规划在功能定位上以生态休闲型城镇为主，体现自然环境与城镇的和谐共存。在发展思路方面，严格控制洱海西部的开发建设活动，强化坝区优质耕地资源保护，划定增长边界严格保护永久基本农田保护区域，严格控制居住区的规模和数量。改变传统城镇化对人在城乡意识形态上的认识，加强历史文化遗产保护，加大空心村整治和改造提升力度，全面推进海西田园风光、白族民居建筑风格、古城镇古村落和历史文化遗产的保护，建设田园化的休闲城市形态，促进农业三产化建设，努力建设成为农耕文明承载区。

专栏：海西基本农田保护经验

1. 制定系列法规，将海西纳入依法管理轨道。2011年7月实施了《大理白族自治州村庄规划建设管理条例》。2011年11月，制定了《关于海西保护利用的意见》。2012年6月，制定了《加强海西保护严格村庄规划建设管理的工作意见》和《关于加强海西建设项目规划管理的意见》。同时，启动了海西保护立法工作，《大理白族自治州洱海海西保护条例》经州第十二届人民代表大会第六次会议审查通过并报请省人大常委会批准，已于2013年7月1日起实施。同时，加强执法监管，全力构建依法规范管理体系，使保护海西农田、严格村庄规划建设管理步入法制化、规范化和科学化的轨道。

2. 运用科技监测手段，搭建监管基础平台。引入航拍和卫星遥感监测等先进的技术手段，构建海西土地利用变化监测管理信息系统。编制工作底图，固定海西土地利用现状。运用动态监管信息系统，实施定期监测。从2012年6月1日起，海西各镇建立月报制度，每月向市政府上报土地利用变化图斑的检查情况，对变化图斑的实地检查率达到100%。建立完善农田档案，实现监管全覆盖。

3. 划定基本农田保护区，实施"空心村"整治。加大海西基本农田保护示范区建设，实行永久保护。积极推进海西村庄及农田生态林建设，构筑海西基本农田保护生态屏障。同时，加快"空心村"整治，盘活集体存量建设用地、空闲地。在试点工作取得成效的基础上，坚持一户一宅、批新让旧等原则，由州市共同筹资设立专项收储周转资金，到2013底支持海西6个镇完成约1000亩的"空心村"集体存量建设用地的收储。整治"空心村"收储的土地，由村集体按照公开、公平、公正的原则安排给符合宅基地审批条件的农户使用，其余用于集体公益事业及农户建房刚性需求的储备。

（资料由大理州委政研室提供）

2.3 建设国土资源利用结构优化探索试验区

自推进"生态山地城镇"建设以来，探索出大理市海东新区为样板的综合性现代城市，以大理创新工业园区、祥云财富工业园区等为代表的生态产业园区，以诺顿镇等为代表的原生态文化村镇等发展模式，充分发挥了示范引领作用。但仍然面临投资成本过高、运行机制不顺、配套政策不完善等问题。规划首先研究总结了已有山地城镇地域性特征和民族特性，明确环洱海地区上山发展容量、山地空间格局、产业功能布局、用地选择、城镇形态、重要公共设施配置等上山指引。在土地政策协调方面，要求以"三规"衔接协调运行管理机制，推动低丘缓坡科学利用；严格控制占用坝区耕地，明确在城乡新增建设用地中坝区与低丘缓坡的利用比例；鼓励保留一定的生态林地作为山地生态涵养区和公共绿化区，营造富有特色的山地建筑景观；争取山地城镇建设差别化设定建设密度与容积率，合理放宽山地利用规划指标和规划布局要求。

3. 加大生态保护力度，建设云南桥头堡战略实施的绿色生态屏障

科学评估，规避风险。规划评估重点包括：（1）水土流失影响评估；（2）水系及可利用水资源量变化评估；（3）地质灾害发生率及影响程度评估；（4）水环境变化评估；（5）耕地质量及数量变化评估；（6）土地成本比较分析；（7）农民权益影响评估；（8）其他重要方面。

识别生态敏感区。大理州极敏感地区面积小，占全州总面积的0.22%，集中分布在南涧县的南涧镇、拥翠乡、宝华镇、公郎镇和无量山镇，区内岩石裂隙发育，岩体破碎，面蚀严重，构造发育，地质灾害发

育；高度敏感地区一部分分布在极敏感区的边缘，另一部分位于漾濞县东北部和永平县西南部，总面积204.35平方公里，占大理州总面积的0.72%；中度敏感地区总面积1407.91平方公里，占大理国土面积4.98%，相对集中分布在弥渡县和漾濞县；轻度敏感地区总面积4429.10平方公里，占全州的15.66%，区内植被弱发育，以堆积地貌为主，主要沿断裂带分布。大理州78.43%属于地质灾害不敏感区，总面积达到22183.61平方公里，总体上地质灾害易发性较低。

根据生态重要性和生态敏感性的综合评价的结果分级分区，采用不同的空间管制策略。

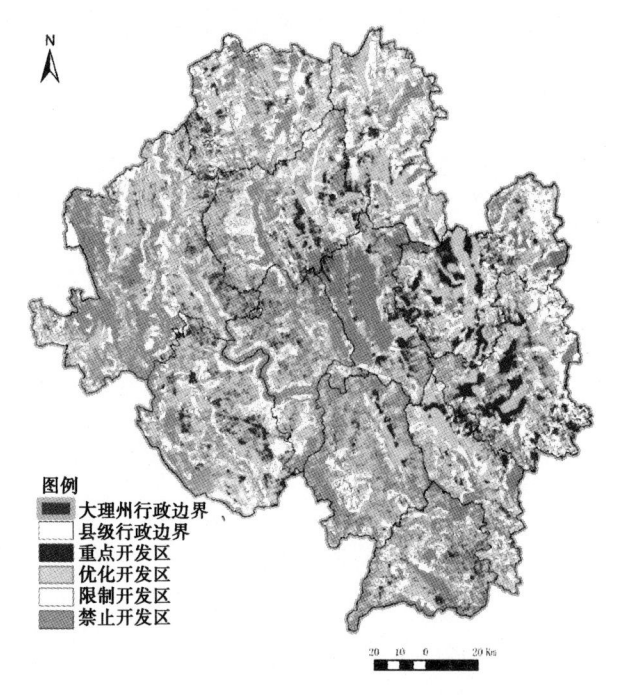

图3 以栅格为评价单元的生态空间管制分区

——禁止开发区：以保持自然发展状态为主体，禁止采矿取土、开垦烧荒、乱砍滥伐及其他对生态环境造成破坏的活动。严禁新建居住、工业、仓储、商业等与生态保护严重不符的建设项目，严格限制非农建设用地的扩张。对已建设地区采取整治措施，近期须控制建设容量，降低建设强度，改善环境，远期可考虑拆除或疏解现有建筑。

——限制建设区：根据城市发展需求，可适当安排重大道路交通设施与市政公用设施，对有条件的区域可以休闲旅游或公园绿地等方式实行保护性开发，以开发促保护。但对生态及环境影响重大的项目，必须进行专门的可行性研究、环境影响评价及规划选址论证。产业发展以提高农业的综合效益为主，将旅游开发与农业生产结合起来，发展观光农业。

——优化建设区：严格控制工业企业的个数与规模。可根据城市发展需要进行重大道路交通设施、市政公用设施、休闲旅游设施及公园绿地等建设项目或新建居住、工业、仓储、商业等与生态保护不严重冲突的建设项目。通过用地整合、城市更新等手段，优化现有城市建设用地布局，提高土地利用效率，完善城市现有绿地系统，抑制城市开发建设的拥塞与连片。对于已被挤占的景观生态廊道，应予以恢复和重建。

——重点开发区：是未来大理生态山地城市建设和重点项目安排的主要区域。建设中必须加强城市绿地生态系统建设，人工绿地生态区与城市建设同步发展。对于具有良好景观价值的河流廊道予以保留，并采取必要的生态预留措施，严格限制城市建设用地对生态走廊的侵占。

4. 加快生态经济发展，建设滇西多样化区域特色可持续发展示范区

规划通过分析云南省总体经济发展格局及大理州经济社会发展阶段，依据大理州资源禀赋和经济社会发展基础，明确资源型产业、非资源型产业、文化旅游业、现代服务业等发展重点。提出近期产业规划首要任务特色化、产业化发展，在适应资源依赖型产业"大分散小集聚"开发要求的基础上，通过固定资产投资和技术创新强化主导产业体系的培育，强化劳动技术密集型产业的引入，以实现"四化"带动城镇化的中远期目标。农业将与普洱、临沧和保山共同形成面向孟加拉湾诸国的农产品进出口基地，共建"中国南亚农产品进出口窗口示范区"。矿产资源依托良好的交通区位优势，构建云南西部有色金属综合配送中心、云南省西部有色金属冶炼及制成品深加工基地。文化旅游业形成以昆明为中心、以昆明—楚雄—大理—腾冲为核心的旅游发展一级轴线，大理将成为云南西部文化旅游的核心区。

5. 鼓励多种新型能源利用方式，形成山地新型能源开发利用的重要基地

大理州地处低纬高原地区，风能、太阳能和生物能资源丰富，结合山地城镇建设对新能源利用的适宜性要求，规划提出建立国家级新型能源开发利用与相关产业培育发展的示范基地，充分利用光、风、生物质等资源开发利用新型能源。重点探索适宜山地城乡特征的区域性、小规模利用新能源的形式，鼓励多渠道投入开发新型能源开发与利用，形成新能源相关产业链和产业集群。

五、政策与保障

规划强调应在全州一盘棋的发展思路下，创造激励生态山地城镇发展的环境，并结合现有法规，提出生态山地城镇建设规划落实的综合性机制保障。规划提出，以"三规"衔接协调运行管理机制推动低丘缓坡科学利用，以州域范围财税结构调整等路径消化上山成本，以农林地州域范围鼓励流转引导国土资源利用结构优化，并加快社会资本、农业实用技术引进，以农民市民化为主体推进公共服务均等化。

在保障机制方面，规划明确提出，以《规划》为主线协调运行管理机制，建立全局与部门综合评价的结构考核制，强化横向协作；加强对规划实施的监测评估、综合评价和绩效考核；完善社会监督机制，健全政府与企业、民众的信息沟通和反馈机制，鼓励公众积极参与规划的实施和监督，形成全社会支持大理州生态山地城镇建设的良好氛围。

（本报告综合执笔人：袁崇法、丁宇、孙亮等。报告草稿经大理州政策研究室多次阅读，提出重要修改意见。本次项目参加调研和专题写作的单位有中国城市科学研究会、国家发改委国际合作中心、国土资源部信息中心、北京大学城市与环境学院。报告得到国务院发展研究中心、清华大学中国农村研究院、国土资源部土地整理中心、中国林业产业协会等有关机构的指导和支持）

第三节　我国农村集体产权制度改革的探索
——基于上海农村集体产权制度改革调研

自改革开放以来，我国农村已经发生两次重大产权制度变迁，每次变迁的制度绩效远远大于初始预期设想目标。

以建立农村家庭承包经营制为起点的农村集体经济组织产权制度变迁，取得了举世瞩目的成就。20世纪90年代，苏南农村为解决乡镇集体企业产权不清、政企不分而进行的对乡镇集体企业股份制的改造，形成了苏南模式的核心内容之一，并被全国其他地区借鉴推广。经过股份制改造，一些乡镇集体企业发展为现代企业，成为我国近年来的经济增长点之一。然而，两次产权制度变迁并没有彻底解决我国农村集体经济组织产权不清的问题。近年来，在城镇化快速推进的新形势下，经济发达的城郊地区、沿海地区的农村客观面临着资源的非农化转移和重新分配问题。加强农村集体资产管理，做好农村集体产权制度改革，事关农村的经济发展和社会稳定，事关农村基层组织和民主政治建设，事关农村基层党风廉政建设和反腐斗争，具有重要的现实意义。随着外部环境的变化和集体经济自身的发展，有力地推动了集体经济产权制度改革迈出新的步伐。2013年中央1号文件提出，建立归属清晰、权能完整、流转顺畅、保护严格的农村集体产权制度。农村集体经济组织产权制度改革就是要按照"归属明晰、权责明确、保护严格、流转顺畅"的现代产权制度要求，由农民共同共有的产权制度转变为农民按份共有的产权制度，农民变股民，按份享受集体资产收益的分配制度，从而使农村集体经济组织形成新的实现形式。但目前，集体经济产权制度改革主要是组织内自发或在当地基层政府倡导下进行，尚处于探索阶段。

作为我国东部沿海经济发达地区之一，上海市一直高度重视农村集体产权制度改革，为此出台了一系列相关文件，也取得了诸多成效，具有重要的示范推广价值。本研究以上海农村集体产权制度改革作为研究对象，在相关理论分析的基础上，结合2013年实地调研资料进行必要性分析和制度分析，并对其后续发展道路及启示进行了探讨，为全国其他地区提供参考。

1 概念界定

1.1 农村集体产权

集体产权或集体所有制这样的概念在主流经济学中几乎看不到，但不可否认，在现代产权经济学的文献中，公共产权或社区产权是与集体产权相对应、最接近的产权形式。集体产权实际上是指在转型经济中由集体（或社区）所有成员共同拥有，并对非集体（或非社区）成员具有排他性的产权，是与私人产权和国有产权一起共同构成了基本的产权形式。我国集体产权在原有集体单位基础上形成，集体成员依附于单位的性质在经济财产权利凸显时，就变成必有的权利诉求。其中隐含着成员权是集体产权的基础这一命题，并且在实践中成员权界定也是集体产权界定的基本准则。

1.2 农村集体经济

我国《宪法》规定："我国经济的主体是公有制经济，它主要由国有经济和集体经济两部分构成。"目前，农村集体经济主要是指在实行家庭联产承包责任制和双层经济体制改革之后形成的一种经济形势，包括乡、村、村民小组和部分农民共同所有的农村劳动群众集体所有制经济。潜在包括了三层概念：一是农村土地的集体所有制，这在宪法和法律上都有明确规定；二是土地以外的其他集体资产（简称经营性资产）；三是集体资产统一经营或虽然缺少统一经营，但是有一定的管理和社会化服务（简称公益性资产或非经营性资产）。经过几十年的发展，我国农村集体经济已经发生较大变化，在原先传统意义上的农村集体经济形势基础上进行了一系列改革、继承和发展。如在机制上，现在的集体经济的产权制度、管理制度和分配制度都与过去有着本质上的不同，主要采取统分结合、综合经营、产权明晰、管理民主的合作经济组织方式。

1.3 农村集体经济产权制度

农村集体经济产权制度是农村集体经济资源配置过程中所遵循的制度，其分析主要集中在经营性资产配置过程中基本的经济制度上。现在农村集体经济产权制度会受到自然资源、正式规则和一部分非正式规则的影响，农村社区、土地的非农开发、集体所有的其他净资产的利益分配等，都是农村集体经济产权制度的重要研究对象。农村集体经济产权制度就是在农村集体经济制度的基础上，明确其资产、资源所有权的过程，同时按照"归属清晰、权能完整、流转顺畅、保护严格"的原则，确保农村集体资产不断增值，从而使农民的利益得到长效增长。

农村集体产权制度改革是按照市场经济的要求，将现代产权制度和农业现代化要求引入农村集体经济组织的过程。同时，这不是对集体资产利益的简单再分配，而是按照一定规则将农村集体的全部或部分资产（经营性净资产）折股量化给集体经济组织成员，按照股权资本组建股份经济合作组织。一般情况下，股份合作制是以本企业劳动者出资认股，或以本企业劳动者出资认股为主，筹集资金的资金制度。由此可知，股份经济合作社是以集体经济组织为基础，以股份制、合作制为基本原则，将部分或全部集体净资产，按照一定原则（人口、劳动贡献或劳龄等形式）折股量化，并分配给集体经济组织成员股份，使原来集体经济组织成员可以享有明晰的集体资产产权，并按照股份分配收益，形成能够适应现代市场经济发展要求的资源共享、分险共担、自主经营、民主管理的新型的合作经济组织及运行机制。

2 重要文件

2.1 中共中央 国务院的若干意见

2012年12月，中发［2013］1号文件，明确提出改革农村集体产权制度，有效保障农民财产权利，建立归属清晰、权能完整、流转顺畅、保护严格的农村集体产权制度，是激发农业农村发展活力的内在要求，并具体提出三个重点方向：

（1）全面开展农村土地确权登记颁证工作。健全农村土地承包经营权登记制度，强化对农村耕地、林地等各类土地承包经营权的物权保护。用5年时间基本完成农村土地承包经营权确权登记颁证工作，妥善解决农户承包地块面积不准、四至不清等问题。加快包括农村宅基地在内的农村集体土地所有权和建设用地使用权的地籍调查，尽快完成确权登记颁证工作。农村土地确权登记颁证工作的经费纳入地方财政预算，中央财政予以补助。各级党委和政府要高度重视，有关部门要密切配合，确保按时完成农村土地确权登记颁证工作。深化集体林权制度改革，提高林权证发证率和到户率。推进国有林场改革试点，探索国有林区改革。加快推进牧区草原承包工作，启动牧区草原承包经营权确权登记颁证试点。

（2）加快推进征地制度改革。依法征收农民集体所有土地，要提高农民在土地增值收益中的分配比例，确保被征地农民生活水平有提高、长远生计有保障。加快修订土地管理法，尽快出台农民集体所有土地征收补偿条例。完善征地补偿办法，合理确定补偿标准，严格征地程序，约束征地行为，补偿资金不落实的不得批准和实施征地。改革和完善农村宅基地制度，加强管理，依法保障农户宅基地使用权。依法推进农村土地综合整治，严格规范城乡建设用地增减挂钩试点和集体经营性建设用地流转。农村集体非经营性建设用地不得进入市场。

（3）加强农村集体"三资"管理。因地制宜地探索集体经济多种有效实现形式，不断壮大集体经济实力。以清产核资、资产量化、股权管理为主要内容，加快推进农村集体"三资"管理的制度化、规范化、信息化。健全农村集体财务预决算、收入管理、开支审批、资产台账和资源登记等制度，严格农村集体资产承包、租赁、处置和资源开发利用的民主程序，支持建设农村集体"三资"信息化监管平台。鼓励具备条件的地方推进农村集体产权股份合作制改革。探索集体经济组织成员资格界定的具体办法。

2.2 部委重要文件

2007年《农业部关于稳步推进农村集体经济组织产权制度改革试点的指导意见》（农经发[2007]22号文），为推进农村集体经济组织制度创新，明确提出需积极稳妥开展农村集体经济组织产权制度改革，探索集体经济的有效实现形式。文件对农村集体经济组织产权制度改革的总体思路、目标要求、基本原则及改革程序提出明确要求，改革程序包括制定方案、清产核资、资产量化、股权设置、股权界定、资产运营、收益分配和监督管理八个重点内容。责成县乡农村经营管理部门承担指导监督管理农村集体经济组织产权制度改革的具体工作，省级农村经营管理部门研究农村产权制度改革实践中出现的新情况新问题，指导基层做好改革试点。这份文件对于明确农村集体经济组织产权制度改革在解决城镇化工业化发展中，发展生产力和完善农村市场经济体制改革具有重大意义，并客观上要求农村阶梯经济组织有效解决传统产权虚置的弊端，对维护农民合法权益具有重大影响。

2009年，《农业部关于进一步加强农村集体资金资产资源管理指导的意见》，为深入贯彻落实党的十七届三中全会精神，稳定和完善农村集体经营制度，农经发[2009]4号文件明确农村集体资金资产资源属于村（组）集体经济组织全部成员集体所有，并且按照十七届三中全会提出的"健全农村集体资金、资产、资源管理制度，做到用指导管权、管事、管人"的要求，健全制度、规范管理、强化监督、加强服务，切实维护农民权益，保障集体经济组织成员对资金、资产、资源占有、使用、收益和分配的知情权、决策权、管理权、监督权。文件对于规范农村集体财务公开制度、资产经营制度、资源管理制度，完善会计委托代理制、发展农民新的联合与合作和强化民主管理监督具有重大现实意义。

2011年农业部、监察部关于印发《农村集体经济组织财务公开规定》的通知，进一步完善农村集体经济组织财务公开规定，农经发〔2011〕13号文件适用于按村或村民小组设置的集体经济组织，代行村集体经济组织职能的村民委员会、撤村后代行村集体经济组织职称的农村社区（居委会）、村集体经济组织产权制度改革后成立的股份合作经济组织。文件明确提出建立以群众代表为主组成的民主理财小组，对财务公开活动进行监督。该文件对于农村集体资产、资源的安全，减少徇私舞弊和滥用职权，有效强化民主管理监督具有重大意义。

2013年农业部、财政部、民政部、审计署《关于进一步加强和规范村级财务管理工作的意见》，面对村级财务管理工作存在的现实问题提出加强和规范村级财务管理意见。农经发〔2013〕6号文件就做好村级会计工作、完善村级民主理财、完善村级财务公开、加强农村集体财务的审计监督、稳定和加强农村财会队伍建设，以及强化村级财务管理的保障措施提出明确要求，提出加强和规范村级财务管理工作，县乡两级是关键，并将村级财务管理情况作为基层干部政绩考核和党风廉政建设考核的重要内容。

3 改革目标

随着城市化进程的不断加快和机构改革的不断深化，农村集体经济产权改革受到前所未有的重视，中央部委出台了一系列文件指导农村集体产权改革，明确农村集体经济的产权制度改革的目标就是采用股份合作的主要形式，建立"归属明晰、权责明确、保护严格、流转顺畅"的现代产权制度，并加以依法保护。各地方进行了积极探索，许多地方实行撤乡并村，尤其城乡接合部实行"村改居"，面临从根本上改革不适应农村生产力发展要求的传统产权制度，对改造农村微观经济组织，推动农村市场经济发展和城镇化进程，起到了十分积极的作用，为进一步推动农业现代化发展创造了必要条件。农村集体经济产权改革以农村集体经济股份合作制作为重要模式之一，是一种产权制度的创新，有利于明晰产权，提高成员劳动积极性，并提高农村集体经济组织的凝聚力和向心力，更为重要的是，改革带来很高的经济效益，有利于建立完善的农村市场经济体制。

按照诱致性制度变迁理论，尽管报酬递增和不完全市场在不断规范制度变迁的路线，即报酬递增成为传统农村集体经济产权制度变革的阻碍力量，而不完全市场所产生的交易成本更加加剧了制度变迁的阻碍力量，但是影响制度变迁的路径依赖的根本因素是利益因素。在我国现行的制度环境中，村集体经济组织作为决策单位在进行严格的成本收益分析后，推行的股份合作制、股份有限公司、有限责任公司等模式，是切合我国需要过渡模式的实际国情。农村集体经济产权制度改革"试点先行、由点及面"的发展布局是一种自下而上、从局部到整体的制度变迁过程。国家一系列文件、劳资结合等一系列改革做法，符合诱致性制度变迁的营利性、自发性、渐进性特征，是在传统村集体经济组织存在严重弊端，并引发一系列问题及农村集体经济股份合作制诸多优势背景下，由利益因素决定的理性选择，符合我国农民意识形态，具有历史发展的必然性。

4 上海试点案例

4.1 改革历程

4.1.1 探索试点阶段

上海的产权制度改革最早始于20世纪90年代，近郊普陀区长征镇红旗村、闵行区虹桥镇虹五村等集中城市化地区开展试点，实行了村级集体经济股份合作制改革。上海市郊区的乡镇企业以大力发展股份合作制为重点，通过简政放权、减税让利、扩大企业经营方式等方式推进产权制度改革，还经营自主权于农民，还所有权于农民。当时的改革在界定集体资产、清产核资等方面实现了一定突破，也在全国率先实行以农龄（即集体经济组织成员参加劳动时间）作为集体经济组织成员参与资产处置、入股及收益分配的依据。

1996年，上海市人民政府发布《上海市撤制村、队集体资产处置暂行办法》，办法规定：在依法处置撤制村、队集体资产前，应当进行集体资产清产核资工作。撤制村、队集体资产处置中可享受分配的对象是，自农业合作化至批准撤制之日期间，户口在村（队）、劳动在册且参加劳动累计3年以上的集体经济组织成员。撤制队的集体经济组织有条件继续组织生产的，其集体资产在按照规定提取统筹基金（5%—10%）后，应当主要以股权形式量化到队集体经济组织成员个人。撤制队集体资产总额较小，且队集体经济组织不具备组建新的经济实体条件的，其集体资产在按照规定提取统筹基金后，应当全部量化到队集体经济组织成员个人，并以货币形式兑现。撤制队依法取得的土地补偿款，40%划归队集体经济组织所有，30%上缴村集体经济组织，30%上缴乡、镇集体经济组织。撤制村依法取得的土地补偿款，50%划归集体经济组织所有，50%上缴乡、镇集体经济组织。

1998年，上海市农委发布《上海市农村集体资产产权界定暂行办法》，明确界定了农村集体资产、归属农村集体经济组织所有的资产和归属农村集体企业劳动群众集体所有的产权。

但是，早期的改革没有将土地资产进行清查，清查的集体资产只是以股权形式量化到人按股进行收益分配，进行的也不彻底。总体来看，改革目的和改革领域不够明确，改革政策仍处于探索阶段，试点区村民上访也较多。

4.1.2 扩大试点阶段

2003年，上海市正式提出实施村级集体经济组织产权制度改革。为规范农村集体经济组织产权制度改革工作，市农委等部门下发了《关于开展村级集体经济股份合作制试点工作意见》（沪农委［2003］59号）。通过集体资产股权量化，搞清集体资产的家底，明晰集体资产的产权，不管集体经济组织的形式发生什么变化，将农民与集体的产权关系始终维系在一起；通过公司制运作，实行政企分离，有利于建立股东会、董事会、监事会、经理层法人治理机构，完善集体资产民主决策、民主管理的制度；通过股份合作制改革，农民由村民转为股民，长期享有集体资产经营收益的分配，维护了农民的财产性权益，同时可以促进农民向城镇和非农产业的转移。同年，闵行区委、区政府出台《关于开展村级集体经济组织产权制度改革工作的意见》，并制定了《闵行区村级集体经济组织产权制度改革实施规则》，全区村级集体经济组织产权制度改革进入了完善政策扩大试点阶段；随后，区、镇都成立了村级集体经济组织产权制度改革领导小组和工作小组。

为进一步稳妥推进村级集体经济组织产权制度改革，上海市农委分别于2006年和2009年发布了《关于进一步加强上海市农村集体资产管理工作的意见》和《关于上海市推进农村集体经济组织产权制度改革工作的指导意见》（沪农委［2009］108号），对不同时期产权制度改革的基本形式、主要条件和关键环节作了规定，并明确要求改制工作要尊重农民的意愿，规范登记，确保改制工作规范有序。

4.1.3 全面推进阶段

2011年以来，农村集体经济组织产权制度改革逐渐受到重视，上海市委组织课题研究，出台了《中共上海市委、上海市人民政府关于加快上海市农村集体经济组织改革发展的若干意见（试行）》（沪委发［2012］7号）及相关配套文件，形成了"1+8"政策文件体系。2012年，上海市加快推进150个村级集体经济组织产权制度改革，已有60个村完成了改制工作，启动了7个镇级集体经济组织产权制度改革的试点工作。到2012年底，上海市已经完成了129个村的改革，约占村级集体经济组织的10%，其中124个村独立进行改革，5个村联合改革，建立了124家股份公司、社区股份合作社或经济合作社，改革较为彻底。其中，闵行区作为全国24个农村改革试验区的试点之一，2011年组织召开了全区农村集体经济组织产权制度改革推进大会，并下发了改革指导意见和实施规则，明确提出"采取多种形式，全面推进我区各村、各镇（新虹街道、莘庄工业区）农村集体经济组织产权制度改革，争取3年基本完成，5年全面完成"的改革目标，全面推进农村集体经济组织产权制度改革工作。

到2012年底，全市镇、村两级农村集体经济组织股民人数为43.27万人。农村三级集体经济组织总资产为3478亿元，净资产1050亿元，郊区农民年人均可支配收入达到17401元。全市集体经济组织成员界定和农龄统计公示工作已基本完成，合计达1亿多年农龄。目前"三资"监管平台已全面建成。

上海市的村级集体经济组织产权制度改革，按区域情况分类，闵行、嘉定、宝山、浦东、松江五个区已改制107家，长宁、徐汇两个中心城区已改制22家。闵行区进行得较为彻底，如虹桥镇今年完成了从生产队到村再到镇的改革；松江区的改革不够彻底，主要是资产和土地股份份额的确定，收益并未兑现；其他区的改革较零散，积极性不高，如浦东区村干部信任度不够，群众有抵触情绪。按改制条件分类，分为撤销行政村后改制（共61家）和不撤销行政村建制改制（共68家）两类。

在全市61家实行分红的单位中，人均年分红收益1万元以上的有6家，分别是宝山区大场镇新华村4.23万元、闵行区梅陇镇陇南村2.34万元、虹桥镇虹五村村2.17万元、闵行区梅陇镇华二村1.55万元、嘉定区安亭镇塔庙村1.44万元、长宁区新泾镇曙光村1.35万元。人均年分红收益在0.2—1.0万元的有39家；人均年分红收益在0.2万元以下的有16家。另据统计，2012年度，嘉定、宝山、浦东有6个村共计10703人以农龄为主要依据进行了农村集体经济组织收益分配，分配金额达2321.59万元，人均分配2169元。

4.2 改革经验

4.2.1 政策体系

2012年，《中共上海市委、上海市人民政府关于加快上海市农村集体经济组织改革发展的若干意见（试行）》（沪委发［2012］7号）出台，明确改革目标，明确改革重点和发展要求，加大政策扶持，加强组织领导。

随后，上海市相继出台8个配套文件，即《关于加强镇村集体经济组织经营性物业项目管理的意见》、《上海市农村社区经济合作社证明书管理办法》、《上海市农村集体经济组织产权制度改革程序实施办法》、《关于完善上海市村级集体经济组织收益分配制度的指导意见》、《上海市农村集体经济组织产权制度改革奖补工作的指导意见》、《关于推进农村集体"三资"监管平台建设工作的意见》、《关于上海市推进农村村级集体经济组织产权制度改革工作的指导意见》、《关于上海市进一步加强乡镇集体资产监督管理的意见》。配套文件分别对经营性物业项目管理、农村社区经济合作社证明书、改革程序、收益分配、改革奖补、"三资"监管平台建设等方面进行了规范，分别对村级、乡镇级的改革和管理工作进行了指导，通过构建"1+8"政策体系，逐步提高了上海市农村产权制度改革的效率，确保了改革成果。

4.2.2 组织形式

赋予农村集体经济组织法人地位，是农村集体经济产权制度改革的重要组成部分。上海市因"村"制宜地选择改革形式，已经探索的形式主要包括有限责任公司、股份合作制公司、股份有限公司、社区股份合作社、村经济合作社等。按改制形式分类，上海市129个集体经济组织中，有42家成立有限责任公司，占33.9%；16家成立社区股份合作社，占12.9%；53家成立社区经济合作社，占42.7%；其他形式的有13家，占10.5%。镇级改革主要包括镇农村集体经济联合社和镇级有限责任公司两种组织形式。

4.2.3 股份来源

上海市针对各村的经济发展水平、集体经济实力和城市化程度的不同，始终坚持"因地制宜、分类指导，形式多样、一村一策"的原则，积极探索集体经济的有效实现形式，现有集体经济组织股份的来源主要有以下几种方式：

（1）存量折股

存量资产，是经产权界定属于农村集体经济组织的经营性资产、非经营性资产和资源性资产。对存量资产的改制，是将集体经济组织的全部或部分存量资产，经农龄统计和清产核资后，按照劳动年份量化折股给本集体经济组织成员，组建新的经济实体，如闵行区梅陇镇、虹桥镇、莘庄镇的相关村。以梅陇镇朱家行村为例，在改制过程中，对村集体资产进行清理,村同时将土地资源纳入资产改革范围,由村民代表以投票形式选定资产评估公司实施资产评估,评估结果经村民代表大会予以确认。由镇资产管理部门进行产权界定后,属于村集体经济组织的资产按农龄全部量化折股给集体经济组织成员,村民所得股份构成改制后村集体经济组织的总股本。

(2) 增量入股

村集体经济组织需要增资扩股的,本集体经济组织成员可用货币等资产参与改革,这部分资产称为增量资产。在存量改制条件尚不具备的地方,为切实增加农民收入,建立农民长效增收机制,由镇、村集体经济组织和村民共同出资组建新的经济实体,积极探索增量入股改革模式。如莘庄镇为切实提高征地农民的收入水平和生活质量,以部分镇级优质集体资产和征地农民以现金入股,组建新经济实体的形式,有力地促进了集体经济的发展。入股条件设置为每人1—5股,每股1000元,吸引了14922名征地农民参与改革,入股率98.27%,入股资金达7371.4万元。征地农民以现金出资参与改革,既盘活了农民手中的闲散资金,又解决了集体经济发展中资金不足的问题,增加了征地农民的财产性收入。华漕镇亦采取了"政府搭台,百姓获益"的方式,组建镇集体经济实体,然后以村为单位,村民现金入股组建村社区股份合作社,16个村的社区股份合作社再与镇资产公司共同组建有限公司,投资开发项目,每年享受股份分红。

(3) 资产量化,股份认购

该改革模式是在对集体存量资产进行清理的基础上,按照农龄进行量化并兑现给村民,然后由符合条件的农民按统一的股份设置要求出资入股,组建新的经济实体。七宝镇九星村、莘庄工业区、马桥镇均属于该种模式。例如七宝镇九星村改制按照"先试点后深化"的原则分两步走,先对部分资产实施改制,总结经验后再全面推开。2005年完成了20%的集体资产改制,设立了"上海九星物流股份有限公司",2009年又完成了其余80%的集体资产改制,组建了"上海九星社区股份合作社"。在股份认购和资产量化时,根据货币资金存量较大的优势,九星村采取了"现进现出"的方式,将确认的量化资产按全村总农龄进行现金兑现后,再用现金来认购改制公司的股份。在股权设置上,设置集体股,股权收益用于村公益性开支;按人口设置村民股,根据不同对象及年龄分为全股、半股、1/4股三类,对原住民做到人人有股份;针对改制后新生、死亡人员变动的情况,又规定股权每三年进行一次调整,做到"生要增、死要转"。

4.2.4 成员界定

2011年,上海市开始全面开展集体经济组织成员的界定工作,经过两年的时间，现已基本完成。《上海市农村集体经济组织成员界定和农龄统计操作口径》文件指出，凡法律、法规和政策已明确规定具有农村集体经济组织成员身份资格的，都应当严格贯彻执行，成员界定原则上遵循沪府发1996年34号文"户口在村（队）、劳动在册"的总体要求，户籍并不是唯一标准。

上海市集体经济组织成员界定和农龄统计工作同时开展。成员界定是农龄统计的基础，但是并没有完全界定农龄统计对象，除已界定的成员外，参加过集体劳动的非集体经济组织成员也需要计算农龄。农龄统计时间一般自1956年1月1日至本集体经济组织认定的截止日期止，户口在村、队的年满16周岁以上（含16周岁）的农业户籍人员。累计不满半年按半年计算，累计满半年不足一年的按一年计算。全市农龄统计公示工作现已基本完成，合计达1亿多年农龄。

4.2.5 股权设置

从上海各地的实践来看，股权设置在清产核资的基础上，根据实际情况合理设置股权和确定折股量化的范围，将集体资产量化到集体经济组织全体成员。股权设置原则上以集体经济组织成员参加劳动的时间（农龄）为依据，股权量化的范围和对象可参照上海市有关撤制村、队时处置集体资产的政策确定。可设立一定比例的集体股，主要用于村公益事业开支，集体股占总股本的比例由村集体经济组织成员大会讨论决定。除成员股和集体股外，有的集体经济组织还设置其他股，如风险责任股、岗位股等；有的村级集体经济组织只设成员股（个人股），且以农龄为主要依据设置股权，如嘉定区江桥镇封浜村、外冈镇泉泾村、马陆镇仓场村、嘉定工业区辛勤村、宝山区杨行镇桂家木村、浦东区北蔡镇南新村。

对集体股使用情况要建立监督机制，并实行公示。对撤制村原则上不设立集体股。为保证公平、公正，在村级集体经济组织改制量化股权时，不设立增配股。改制后，为发展集体经济需要，需设增配股的，应由村集体经济组织成员大会讨论通过。村集体经济组织成员的股权可以继承，但不得退股。改制后，为确保农民保留长期的集体资产收益权，股权在一般情况下不得转让，但如遇村民死亡等情况，可以通过规范、合法的程序在本集体经济组织内部进行转让。

4.2.6 "三资"管理平台

上海市已建成市/区管理平台、镇/村管理平台、"村村通"农户一点通平台，形成了农村集体"三资"信息三级监管系统。2012年，上海市农村集体"三资"监管平台建设已实现全覆盖，农村集体"三资"数据全部录入了监管平台，系统运营不断完善，主要表现在以下三个方面：

一是"三资"监管平台年报数据生成系统逐渐完善。年报数据生成系统功能不断加强，不断提升不同软件之间数据对接处理的准确性，提高年报数据生成系统所形成的各类分析报表质量，增加平台由系统数据直接生成相关变化趋势图功能，更直观清晰的反映农村集体资产数据情况。

二是数据质量监测工作步入正轨。上海市设立了27个数据质量监测点，定期对样本点的"三资"监管平台数据进行稽查和指导，以确保监管平台数据的真实性和完整性。

三是业务管理水平不断提升。上海市加大对农村集体"三资"管理人员的业务培训，除对纳入平台监管的单位财务工作人员进行培训外，还需要对乡镇主要分管领导、乡镇财经工作人员、村级经济组织主要负责人、村民主理财小组成员等进行培训，以提高"三资"业务管理和监督水平。

4.3 改革成效

4.3.1 清核资产归属清晰

截至2011年底，上海市9个郊区、5个中心城区，共有118个镇级集体经济组织（包括涉农街道和园区）、1711个村级集体经济组织（包括相关已撤销建制，但集体资产尚未处置的村）和22595个组级集体经济组织纳入了农村集体资产改革的统计范围。通过成员界定、农龄统计、股权设置，明确了集体资产归属，每个农民、每个集体经济组织清楚的了解自己所拥有的集体资产类型、资产份额、资产数量。

4.3.2 集体经济总量增长

通过改革，原集体经济组织成员对资产的虚化占有改为按股共有，原集体经济组织的资产做到了整体保有，从而保护了生产力；促使企业经营管理模式由传统经营方式转变为现代企业管理模式，进一步激发了企业的活力，形成可持续发展的新机制。改革一方面促使村集体经济组织建立起现代企业制度，形成与市场经济相适应的运行机制，为村级经济发展创造了良好的体制环境；另一方面，农民在集体经济组织中的资产产权得以明晰，可以更好地行使当家作主的权利，积极性和创造性得到充分调动。2012年，全市124家村级改制集体经济组织中，有61家进行了收益分红，年总分红4.27亿元，人均分红4518元（2011年有44家改制集体经济组织进行了收益分红，年分红3.38亿元，人均分红4240元）。2012年与2011年相比，增长了6.6%。

4.3.3 农民财产性收入提高

制度明晰了产权，改变了集体资产看似"人人有份"，实际上"人人无份"的状态，真正做到"资产变股权、农民当股东"，农民开始享有分红，财产性收入稳步增加，初步建立起农民增收的长效机制，使农民收入水平不断提高。2012年，上海市农村居民家庭人均可支配收入17401元，增长11.2%，其中财产性收入1382元，占比7.9%，增长11.2%。改革试点区的闵行区农村居民家庭人均可支配收入由2010年的17856元增加到2012年的22532元，其中财产性收入占比由16.4%提高到17.1%，增加了近1个百分点、约925元。如七宝镇九星村，改制后年红利率一直保持在10%以上，2012年人均分红达1.5万元。

4.3.4 农民参与度提升

农村产权制度改革的推进，使原集体经济组织成员转化为股东，农民利益得到了严格的保护，其参与资产经营管理的积极性空前高涨。集体经济组织经营过程中涉及农民群众切身利益的重大事项，不再由少数干部说了算，而是依照新集体经济组织章程由股东代表大会决策。如董事会、监事会成员和总经理的年报酬，由董事会依据业绩提出建议，股东代表大会决议后予以确定。

4.3.5 农村社会和谐稳定

通过改革，农村集体经济组织建立了"三会四权"制度。涉及农民切身利益的投资、经营、收益分配等重大事项都由股东代表大会讨论决定，改变了原来由少数干部掌控和随意支配集体资产、监督缺位的状况，有效地遏制了因资产处置不公、收益分配不平等引发的上访现象，较好地化解了党群矛盾、干群矛盾，促进了农村社会和谐稳定。上海市改制后的村社，无一集体上访事件发生，农民的主人翁意识明显增强，干群关系变得更为和谐。

5 讨论

农村集体产权制度改革是我国农村经济体制的一项重大制度创新。截至2013年5月，全国有27个省份开展了农村集体产权制度改革试点，2.3万个村实施了产权制度改革。其中，有1.66万个村完成了改革，量化资产总额3297亿元，设立集体股东4.9万个、社员个人股东2100万个，累计股金分红达548.7亿元。上海等地的改革试点中，有很多内容还在探索中。值得肯定的是，农村集体经济改革确定了将尊重民意、以人为本作为推进改革的根本。村集体产权制度的改革是村集体资产管理体制的一项根本变革，涉及到村民的切身利益，处置不当可能成为各种矛盾的焦点。如各地在成员权的界定中做法不一，但只有是村民认可，充分理解、信任和支持村民的首创精神，才能推动改革工作。创造条件、稳步推进，是推进农村集体经济产权改革的基础。农村集体经济产权改革是在市场经济、城镇化发展到一定阶段的背景下，农村集体资产管理进行自我发展、自我革新的一种模式，各地发展进程不一，启动改革需要循序渐进，但是必须解决普遍面临的几个重大问题，如成员权如何界定，改革后集体经济组织的法人地位及与此相联系的组织定位问题、改制后的股份公司持续发展问题、集体土地资产的处置问题以及改革指导和监督不力等问题。

农村集体经济产权制度改革，是以内在动力与条件为前提，也需要外部环境的保障，必须考虑到三个基本原则：

一要保护农民的权益。农村的资产资源，法律上规定国家土地两种所有制，一种是全民所有制，一种是集体所有制。全民所有制的概念用了很多年，后来发现这是一个不准确的概念，全民和集体都是一个集合的概念，不是一个主体的概念。现在讲国有企业，因为国有企业以政府为代表，是一个明确主体的表述，而集体所有没有任何一个主体可以代表。所以现在在保护农村集体权益时，前提就是要把主体明确下来。为此，要明确农村集体资产产权的各项权能的归属，提高股权人格化程度，理顺村集体组织与村委会所属企业以及社员的关系，按照"产权规则"运行的制度规范，确立集体经济组织市场主体的地位及保护农民利益的长效机制。

二要优化配置，提高资产效益。农村集体经济产权改革，最终是要建立与市场经济体制相适应的现代产权制度和集体资产营运机制。如果农村集体产权改革止步于股份收益分配，就阻碍了"流转顺畅"；如果集体经济组织止步于法人地位的模糊界定，仅仅建立过渡期的各种组织形式，就不能适应市场经济发展要求。因此，应将个人利益与长远利益结合考虑，改革后集体经济组织的公共服务和社会管理职能，应随着政府职能的到位而逐步退出，提高经济职能，逐步建立现代产权制度，使改革后的集体经济组织能够成为真正的市场主体。

三要能够切实的促进农业的现代化。农业现代化与土地的流转和产权制度的改革完全有关系，因为农业现代化的核心问题是能不能引进现代资本，而不是把农民组织程度本身提到多高，农民的组织程度提高也是为了引进现代化的资本。只有现代资本才能带来技术、带来市场、带来新的管理理念，不断开发新的产品，但是需要一定的规模才能降低投入要素的成本，在这种情况下，土地的规模集中是必须在确权流转的基础上形成的，这样的机制建立起来才使得中国的土地能够高效利用。

值得注意和讨论的是，与农村集体经济组织改革相关的其他政策措施如何落实：

一是城中村改造和村改居中，如何妥善处理农村集体土地资产权属与利益问题。农民集体所有的土地是农民的财产，无论改革与否，都不能将集体土地无偿转为国有土地。农村集体产权改革以经营性资产为重点，逃避不开土地预期价值对资产配置的影响。要明确政策，规范政府行为，避免和杜绝征地中损害农民权益的行为，进一步加强改革客体研究，积极稳妥地探索土地股份合作制，同步完善农民社会保障和农村社会服务，防止出现失地又失业的问题。

二是合理确定改制后村集体经济组织运行的税收政策。目前改革后的村集体经济组织多承担公共服务职能，也不同程度地遇到税收增大的问题。照章税本无可厚非，问题是集体经济组织实行的产权改革，事实上是进行组织创新和制度创新，对原来集体资产的共同共有实现按份共有，不同于一般意义上的股份制企业，同时又较少从事传统农业，不能参照农村专业合作社来处理。就股份分红而言，对于村集体经济组织成员，特别是对于城中村或村改居的成员，在无地和就业不充分的情况下，这种股份制改革具有特殊意义。税收政策应对于此阶段农村集体经济产权改革给予专项研究，明确所得税、红利税的减免政策。

此外，随着经济转型的深化和城镇化的不断推进，经济自由、经济行为主体独立和私人产权保护不断增强，农村集体产权制度改革应该建立在清晰界定和高度保护的私人产权基础之上，虽然不一定整体转为私人产权，但是，应在集体内部不断配置和满足私人产权利益，建立满足于提高经济激励和经济效率的组织模式，有利于"集体"在市场经济中的未来演化。

（报告撰写人：袁崇法、丁宇、王安琪。特此诚挚感谢农业部农经司、上海市农委、中国农科院农业经济与发展研究所夏英研究员、曲颂博士等有关单位和领导的指导和支持）

第四节 社会组织管理服务转变研究

袁崇法 田 梅

一、引言

改革开放以来，伴随着市场经济的发展和社会转型的不断推进，社会组织快速成长，在经济、社会、文化等各个领域发挥着日益重要的作用，已经成为不可忽视的社会力量，也越来越受到党和政府以及社会各界的关注。十八大报告指出，要在改善民生和创新管理中加强社会建设。为此，必须加快推进社会体制改革，加快形成政社分开、权责明确、依法自治的现代社会组织体制。然而，与西方国家发达的社会组织体系相比较，我国社会组织无论是在数量还是在作用发挥上都远远不够，也难以与我国市场经济的快速发展相匹配。

长期以来，我国对社会组织一直实行的是"双重管理"，即在民政部门登记注册之前，社会组织必须找到一个政府部门或其下属机构充当"业务主管单位"。这种高门槛的准入管理制度造成了大量草根组织无法注册，游离在灰色地带。而登记在册的社会组织，多和政府部门有着千丝万缕的联系，部分异化为"二政府"，代为行使行政职能，甚至成为腐败的重灾区。

为有效促进社会组织的发展和功能作用的发挥，广东、北京等地方政府都在积极推进社会组织直接登记管理的改革。实践证明，社会组织直接登记不仅激发了社会组织的活力，而且还有效地释放了社会组织的力量。据统计，广东省开展直接登记后，2012年新增社会组织4200个，年增长率达13.6%。面对各地实践，中央层面也加快了社会组织登记管理改革政策的研究，2013年3月10日提交的《国务院机构改革和职能转变方案》，确定了"建立健全统一登记、各司其职、协调配合、分级负责、依法监管的社会组织管理体制"的总体改革方向。

放开登记管理是有重大意义的改革新突破。社会组织直接在民政部门登记是改革的必然趋势，具有里程碑式的意义，也是增强其自主性和活力的源头之策、高效之策和务实之策，这为社会组织的登记注册，尤其是社会组织的独立运作，提供了政策和体制保障。社会组织实行直接登记后，民政等相关政府部门的传统管理服务方式已不能适应管理体制变迁之需要，必须加快管理服务方式的转变，即通过管理服务方式的创新来促进社会组织管理体制创新，进而促进社会组织的健康发展。

二、我国社会组织的发展

（一）社会组织的概念和特征

1. 社会组织的概念

所谓社会组织，是指公民为实现特定目标，按照一定的宗旨，自愿组成的从事各种非营利活动的群体，在西方国家又称之为非政府组织、非营利性组织、独立部门、慈善组织、公益性组织等。社会组织最早起源于一些非营利性的、自愿的社会活动，这些活动组织化、长期化后就形成了一些公民团体，构成了早期的社会组织。现代意义上的社会组织最早诞生于19世纪的欧洲，到20世纪七八十年代，社会组织在解决西方国家福利危机中发挥了极其重要的作用而获得了跳跃式发展，目前已成为推动政府机构改革和社会发展的重要力量，在经济社会发展中扮演着越来越重要的角色。

我国在一段时期内一直使用"民间组织"的概念，以凸显与政府组织的区别。随着西方非营利组织、非政府组织等概念的不断涌入，我国学术界也逐渐将"非营利组织"、"非政府组织"、"第三部门"等引入学术研究中。"社会组织"概念的第一次提出是在十六届四中全会《中共中央关于加强党的执政能力建设的决定》中，后来在十七大报告中得到进一步确认。在2007年11月民政部举行的全国社会组织建设与管理工作经交流会上，民政部确定启用"社会组织"以取代"民间组织"概念。

2. 社会组织的特征

我国的社会组织与国外的"非营利组织"等组织有着基本相同的内涵，具有六方面的基本特征：正规性、民间性、非营利性、自治性、志愿性及公益性。

（1）正规性。指的是社会组织必须同其他的正规组织一样，具有合法的社会地位、稳定的组织机构、详细的内部章程、严格的管理措施等。

（2）民间性。指社会组织与政府的关系。社会组织不应该是政府的一个组成部分，不应该承担政府的责任。它应作为一种独立自主的社会组织来承担公共责任，参与社会竞争，有独立的决策权。但在保持组织运作独立性的前提下，可以接受政府或企业的资助。

（3）非营利性。这是社会组织最重要的特征。非营利性不是说这个组织不可以盈利，而是突出强调它存在、运作的目的并不是为组织的所有者创造利润，它的盈利也不能在管理者之间分配。国家允许非营利组织创造利润，但非营利组织的利润并不是为了给私人牟利，而是为了更好地提供"公共服务"。这一特征是非营利组织与以追求利润为最终目标的营利组织的最大区别。

（4）自治性。社会组织作为社会的一个组成部分，必须有能力对自身进行良好的管理，保证组织正常顺利地运转，而不依赖于外界的控制。

（5）志愿性。社会组织的活动以志愿为基础，在组织的管理和其他一些活动中都有程度不同的志愿参与。但从目前世界各国的情况来看，大多数非营利组织的运作都不能主要依靠志愿人员，运作经费也不是完全依靠捐款，志愿性重在突出组织的活动有志愿的参与。

（6）公益性。社会组织服务于某些公共目的和为公众奉献，致力于社会公益性事业。

（二）我国社会组织的发展

随着经济市场化、社会信息化、发展全球化与利益多元化，社会组织的发育和发展已成为一股不可阻挡的潮流与趋势，世界范围内的结社浪潮也由发达国家向发展中国家蔓延发展。中国作为全球社会不可分割的组成部分，并随着经济社会的发展和政府管理的深入，社会组织的功能也显得越发重要。

改革开放30年来，尤其是近几年来，政府通过购买服务等机制的推进，加大了对社会组织的培育和支持力度，社会组织的数量突飞猛进。目前，我国的社会组织主要包括社会团体、民办非企业单位、基金会三种形式。截至2012年底，全国依法登记的社会组织有49.2万个，其中社会团体26.8万个、民办非企业单位22.1万个、基金会2963个；在各级民政部门备案的城乡社区社会组织和农村专业经济协会有30万个。从1988年到2012年，全国登记的社会组织数量增长了100多倍（1988年我国仅登记社会团体4446个）。

社会组织的整体实力不断提升，形成的固定资产有1885亿元，提供的就业岗位有1200多万个，业务范围涉及科技、教育、文化、卫生、社会保障、民政、体育、环境保护、法律服务等众多领域，初步形成了门类齐全、层次各异、覆盖广泛的社会组织体系。

(三) 我国社会组织的双重管理

改革开放后建立的社会组织管理体制归纳起来可概括为"归口登记、双重负责和分级管理"。归口登记，是指除法律法规明确规定免于登记的社会组织之外，其他任何社会组织都需由民政部门统一登记；双重管理，是指由登记管理机关和业务主管单位分工合作，共同实施对社会组织的监督管理；分级管理，是指县级以上民政部门分别负责同一层级的社会组织的审批、登记、年检、变更、撤销和监管。三者共同构成了我国社会组织管理的基本模式，其中双重管理是这一制度的核心。

分级管理和归口登记从程序和条件等方面对社会组织发展实行了严格限制，资格准入的门槛较高，属于典型的控制管理模式。该模式本意是通过一个较高的门槛建立严格监管制度，但在实际运行中，由于"婆婆"的缺乏使得大量具有非政府性和非营利性的社会组织难以获得合法的身份，从而游离在政府的监控之外。因双重管理体制等因素影响而未登记的组织估计达100万个，甚至更多，这在很大程度上限制了社会组织的发展。据统计，中国目前社会组织的登记率，每年净增长仅维持在2%到3%。法国每万人拥有110个民间组织，日本是97个，美国是52个，而中国仅为3个。中国的基金会每年新增100个以上，而美国的基金会平均每天就会新增8个。

具体来说，上述管理模式存在三个主要弊端：一是社会组织找到业务主管单位面临较大困难，若无法满足要求则无法登记成立；二是有些业务主管单位重审批、轻管理，没有起到有效监督与管理的职能；三是双重管理体制造成事实上的两个行政许可，既不符合《行政许可法》的立法精神，还会带来相关部门在执法问题上的推诿扯皮，提高了行政成本。

三、社会组织登记管理的改革探索及管理服务创新

综上所述，我国社会组织在快速发展的同时也面临着诸多问题，而双重管理体制则是造成这些问题的重要原因之一。对此，各地政府勇于探索，积极实践，在社会组织直接登记管理以及相配套政策的改革上都积累了一定的经验。

(一) 社会组织登记管理的改革探索

1. 深圳三个"半步走"的直接登记改革

深圳采取半步走策略，通过行业协会民间化改革、行业协会直接登记、扩大社会组织直接登记范围三个"半步走"，逐步深化社会组织登

体制改革。

第一，2004年，深圳市成立行业协会服务署，统一行使行业协会业务主管单位的职责，并积极推动行业协会在机构、办公场所、人员、经费等方面与原业务主管单位脱钩。同时，加快党政机关的公职人员辞去在行业协会所兼任的领导职务的步伐，使行业协会获得了独立的社团法人地位和内部管理的自主权。

第二，2006年底，深圳市将行业协会服务署和市民间组织管理办公室合并，组建市民间组织管理局，在全国最早实现行业协会由民间组织管理部门直接登记、无业务主管单位的新型管理体制。

第三，2008年9月，深圳市出台了《关于进一步发展和规范我市社会组织的意见》，将工商经济类、社会福利类、公益慈善类三类社会组织直接登记，并适度放开异地商会的登记和管理，适度突破一业一会的限制，鼓励行业协会专业化和细分化。目前，全市社会组织直接登记的范围已扩大到工商经济、公益慈善、社会福利、社会服务等八大类，并大力推行行业协会"去行政化"，极大地促进了社会组织的发展。据统计，2002年深圳市社会组织只有1486家，而到2012年7月底，其数量已达到5188家；每万人拥有社会组织数量达4.2个，大大高于全国2.7个的整体水平。

与社会组织直接登记管理相配套，深圳市在监管、培育扶持以及社会组织能力建设方面也采取了一系列措施：

第一，探索政府社会监管合力，立体式构建社会组织综合监管体系。一是建立政府行政监管体系。与公安部门联合成立了深圳市社会组织管理服务领导小组和协调联络工作组，建立了沟通联系、预测预警、联动执法等七项社会组织管理服务的长效机制。同时，定期向市场监督管理局开设的政府绩效企业信用信息系统报送社会组织执法数据，实现资源共享。将社会组织执法纳入全市行政执法电子监察系统，完善了社会组织执法数据库。二是加强社会公众监督。深圳初步建立了社会组织信息披露平台，对社会组织的重大活动情况、资产财务状况、接受使用捐赠资助情况、收费项目及标准等通过多种形式实行公开，接受社会监督。三是注重社会组织自律。开展以完善章程为核心的法人治理结构，健全内部规章和自律机制；启动社会组织综合评估，制定《深圳市社会组织评估管理办法（试行）》，评估结果作为承接政府转移职能和购买服务的主要依据，引导社会组织加强自身建设。

第二，深化行政审批制度改革，大范围推动社会组织承接政府职能。

行政审批制度改革是政府推动扶持社会组织发展的必要前提。为此，一是进一步清理压减行政审批事项，大幅减少教育、医疗卫生、社会保障、文化体育等社会事业和公共服务领域审批事项力度；二是积极推进社会组织承接政府职能；三是探索将一些事业单位转制为社会组织。

第三，多渠道开辟政府购买社会组织服务。一是通过政府采购平台购买社工服务。从2009年开始，深圳将购买社工服务纳入政府采购中心的招标系统。二是建立福彩公益金购买服务"种子基金"，目前已资助了超过100个公益项目，金额达到4700多万元。三是对行业协会进行专项资助和定向委托。出台《深圳市实施标准化战略资金管理办法》、《深圳市会展业及国内参展财政资助资金管理暂行办法》等文件，明确对行业协会参与标准化的制定给予专项资助，对行业协会举办会展给予培育期资助、成长期资助、临时性资助和国际化资助。

第四，搭建社会组织发展支持平台。一是打造资源对接平台。深圳积极搭建公益慈善类组织和爱心企业开展公益合作平台，为社会大众了解公益慈善组织、参与公益活动创设窗口。二是建立社会组织孵化平台。深圳探索设立了"社会组织培育实验基地"，借助恩派（NPI）公益孵化器加大对民间公益组织的支持，包括办公场地、办公设备、能力建设、小额补贴、注册协助等。三是构建服务和人才培养平台。深圳为社会组织搭建了信息服务和税务服务平台，开通了"深圳市社会组织信息网"，市民政局与国税局、地税部门签订了《合作框架协议》，确立了"三方合作机制"，共同促进对社会组织尤其是公益性社会组织的纳税服务与管理。此外，从2006年起，深圳市政府连续7年实施了社会组织人才的培养项目。

2. 北京社会组织登记管理改革探索

北京市在社会组织发育和管理体制创新上积累了一定的经验，具体包括：

首先，创新了新二元登记管理模式。2009年，北京在原有双重管理体制的基础上，将分散的业务主管单位进行适当集中，由枢纽型社会组织承担业务主管单位职能，市社会团体管理办公室作为登记管理机关。目前，已认定包括市总工会、团市委、市妇联、市科协、市残联、市侨联等在内的22家枢纽型社会组织。这种管理模式既有利于放开对社会组织的登记管理，同时又能加强同领域内社会组织的沟通交流与合作。

其次，社会组织直接登记管理探索。一是在中关村进行直接登记管理试点工作。北京利用中关村国家自主创新示范区的独特地位，推行了迄今为止在直接登记中法律层次最高的登记管理改革。北京市人大常委会通过的《中关村国家自主创新示范区条例》成为国内首个明确社会组织可直接登记且限制条件最少的地方性法规。二是直接登记范围扩大。2011年起，北京市在全市范围内放开工商经济类、公益慈善类、社会福利类、社会服务类社会组织的成立审批，实行民政部门直接登记，建立"一口审批"绿色通道。

再次，完善政策体系，为登记改革提供政策支持。先是研究制定了"1+X"文件，为构建枢纽型社会组织体系提供政策支持；在此基础上，北京市适时修订管理办法，从社会组织登记管理、经费支持、功能拓展、监督管理等角度出发，先后制定了《中关村科技园区社会团体管理办法》、《中关村科技园区协会成立指南》、《促进中关村科技园区产业技术联盟发展的实施办法》、《中关村国家自主创新示范区协会商会组织发展支持资金管理办法》等规范性文件。

同时，积极转变政府职能，加强体制机制创新，通过购买社会组织服务、对社会组织进行职能授权等方式，提高社会组织的发展地位，激发社会组织的发展活力。

最后，大力探索建立完善的社会组织监管体系。包括建立了评估机制，并在此基础上实行社会组织分级管理制度，加强对社会组织的日常管理、活动管理和监督管理，并完善社会组织信息披露制度和公开承诺制度；同时建立第三方评估机制和退出机制，促使社会组织改善运行，着力提升整体素质。此外，北京还建立了社会组织监督管理行政约谈制度，并通过联席会议制度和社会组织法人数据库信息共享系统建立协同监督机制。

（二）直接登记后管理服务方式的创新

1. 转变传统观念，由管控型向服务型转变

长期以来，我国对社会组织的管理偏重于管治，极大地压制了社会组织的独立性和发展活力，具体表现为：一是对社会组织的定位存在偏差。部分政府工作人员没有意识到社会组织在社会治理中的作用，在管理中，常把它置于和政府对立的一面，过分强调政府对其的控制功能，对社会组织实行严格的管治，甚至限制其发展。二是由于我国长期以来实行高度集权的管理体制，政府的权能显得过于强大，在社会组织的管理上还没有完全摆脱传统体制的惯性。三管理理念滞后。政府部门还存在官本位的行政观念，缺乏服务意识。因此要转变传统观念，实现由管控型向服务型转变，就要从以下几个方面入手：

第一，理顺"政社"关系，从行政依附向合作伙伴转变。西方国家

的经验和中国近年来社会发育的实践都证实,在一个良性运转的社会中,特别是在由传统社会向现代社会转型的过程中,社会组织可以承担相当一部分社会管理和服务的职能,有助于缓解政府的压力,缓和社会矛盾,使社会结构趋于合理和稳定。因此,应改变对社会组织敌视或控制等错误认识,树立与社会组织平等、互信、合作的观念,并进一步推进各级政府逐步在更多领域的公共服务上与社会组织开展合作,促进社会的多元治理与合作治理。

第二,抛弃统治思维,树立治理理念。随着公共管理理论的发展,社会治理也逐步由传统的"统治"观念向现代"治理"理念转变,认为政府不能继续成为公共事务管理、公益事业、社会福利的唯一提供者,公共治理的主体必须多元化。这其中,社会组织也是重要的治理主体。社会组织作为政府与企业之外的社会组成,作为一种在公共部门和私人市场部门之间调节社会发展的组织制度设计,能有效反映社会特定人群的诉求,是破除单一向度管理,实现公众参与社会管理,形成上下互动管理的新机制、新渠道、新平台。

第三,推进理念变革,由管治向服务转变。从管治到服务,是公共服务型政府构建的要求,它标志着政府治理理念的转变。政府是宏观政策的制定者,通过制定完善的制度规范,引导和约束社会组织的发展。同时,通过积极的财政政策培育和扶持社会组织的发展,对于符合减、免税的社会组织,政府要给予政策的优惠,并适时加大优惠幅度;通过政府购买公共服务的方式鼓励、支持社会组织竞争,引导社会组织良性发展。从重登记、轻管理,重监管、轻培育,过渡到培育监管并重。

2. 强化信息化建设,由粗放型管理向精细化管理转变

将信息技术运用于社会组织管理,是适应经济全球化的需要,是对传统管理手段的有效创新。将信息化手段融入到精细化管理中,加快建立互联互动、资源共享的社会组织管理信息平台,进一步完善网络服务平台,优化网上服务,可以使社会组织管理服务更加高效、清廉,也进一步扩展了执法监管的空间,实现由粗放型管理向精细化管理的转变。

第一,进一步打造电子政务平台。建立网上办事大厅,推进电子政务,实行并联审批一站式服务,将信息化技术手段运用于社会组织管理的各个环节,逐步实现网上注册登记、网上年检、网上执法检查,形成登记审批、日常监管、税务稽查、违法审查、信息披露、公共服务、行政处罚等各环节信息共享、工作协调的社会组织管理机制,从而提高社会组织管理的服务效能。

第二，打造信息化平台，建立社会组织数据库。针对不同使用群体进行社会组织信息开发，方便公众进行社会组织的信息查询；建设投诉举报网上应对信息平台。将公众、企业、社会媒体举报信息进行数据库管理，并根据这些信息加快处理和回应机制建设，强化网络监管的作用；建设社会组织信用体系平台，对社会组织的信用进行统计，利用信息平台加快社会组织自律机制的建设。

第三，积极探索建立监控预警体系，配备必要的执法设备，为社会组织管理改革创新提供支持。

3. 规范工作服务流程，创新咨询登记服务机制

各政府职能部门对社会组织的工作方式基本上等同于对机关处室的管理，信息的传递方式是自上而下的行政命令形式。"官"的特性使得本地个别社会组织有可能导致寻租行为的产生，表现在实际工作中为登记机关牺牲法律的严肃性和公共利益，对本地社会组织特殊对待，牺牲行政效率等。现行的社会团体登记管理仍然属于官僚式管理，亟需由官僚式管理向企业式管理转变，提高效率，优化机制。

第一，推行依法行政，改进行政许可，实行政务公开。要利用电子政务平台，实行政务公开和咨询服务。社会组织行政许可项目一律由市政务中心民政窗口受理，并向社会公众免费提供办理社会组织登记的各种表格和咨询资料。

第二，细化规范社会组织登记审批程序。简化登记环节，减少登记时限，明确登记人员责任，严格落实"限时审批"等服务承诺制度，进一步提高服务效率。

第三，探索建立登记审批绿色通道，创新咨询登记服务机制。实行社会组织登记首问负责制、一次性告知登记许可事项、为申请人建立与业务主管单位联系的服务承诺制度等，完善"一站式服务、协调联合审查"的审批机制和社会组织退出机制。

4. 创新服务方式，从重登记轻扶持向登记扶持并重转变

"双重管理"过度强调登记注册的审批把关，在加大社会组织登记注册难度的同时，也忽视了对社会组织的培育与监督管理，使得一方面，大量的社会组织被拒于合法登记的门槛之外；另一方面，一旦登记成为合法的社会组织则万事大吉，缺乏必要的政策引导和支持。社会组织直接登记改变了过于重登记管理的理念，同时加强了培育扶持力度。

第一，进一步加大政府职能转移力度。将部分政府职能事项有序地与社会组织对接，建立社会组织专项培育扶持资金及政府购买服务机制，搭

建政府购买服务平台,通过政府购买社会服务的方式,与社会组织形成功能互补,逐步形成"政府出资、委托发布、项目管理、社会组织承接、市民受益、第三方评估"的新型社会服务模式。

第二,建立社会组织分类培育体系。积极培育、扶持、孵化经济、社会、文化等领域内有发展潜力、社会急需的社会组织,提供前期辅导、专业培训、筹资融资、管理咨询等辅导和全方位的公共服务。顺应市场经济和产业发展趋势,围绕现代服务业的发展战略,重点培育和发展一批保障民生和面向生产类的服务业行业协会、商会等经济类的社会组织;围绕服务三农,重点培育和发展一批种植业、畜牧业、农业经济合作等农业专业经济协会;充分发挥经济类社会组织在净化市场、行业自律等方面的功能。建立政府、个人、企业多元化的"投资"机制,培育并发展一批公益类、慈善类、志愿类的社会组织,逐步构成政府服务、市场服务、社会服务相对接的公共服务体系。完善社区社会组织备案制,培育与扶持专业化程度较高的城乡社区社会组织,发挥这些组织在社区自治、社区服务、社区管理上的作用,建立社区社会组织体系。鼓励社会力量在科、教、文、卫等领域兴办民办非企业单位,发挥其在培养人才、扩大就业等方面的作用。

第三,加大对社会组织自身能力建设的支持服务力度。切实推进协会类社会组织的"去行政化"改革,要加大政社脱钩力度,按照政社分离要求,实现部门与社团在人事、资产、办公场所、利益、业务等方面的脱钩,尤其是切实推进行业协会组织、商会组织等经济类社会组织的脱钩力度,切实改变行业协会、商会行政化倾向,增强其自主性和活力;以加快行政机关工作人员与行业协会、商会组织分离为契机,重点推荐和引进行业领军以及专业能力和素养极高的专业人士进入行业协会、商会组织中,加快这些组织的专业化建设,发挥其在引导行业发展、净化市场以及行业自律方面的作用。

第四,建立以章程为核心的法人治理结构。推动社会组织建立现代组织制度,建立健全会员大会、理事会、监事会和人事制度、财务制度、内部民主决策制度。同时,建立和完善社会组织信息披露制度,推动社会组织向社会公开信息,增强社会组织运作的透明度,提高自身的公信力。

第五,加强社会组织工作人员培训,加大专业社工队伍培养力度。加强对社会组织专职人员知识和业务方面的培训,提高现有专职人员的专业素养和业务能力;有重点地引进和培养一批具有较强"市场"意识、管理能力和项目运作能力的社会组织领导人和核心人员,提高社会组织的

"企业化"运作和自我运营能力；积极促成环保类、公益类以及行业协会类等组织与国际较为有名的行业协会组织、基金会组织的项目合作，通过项目合作，以参与式的培训方式学习他们的专业化运作，尤其是服务开拓以及自我"谋生"能力。

5. 建立综合监管体系，由事前审核向过程监督转变

构建多元的综合监管体系是发达国家社会组织发展与管理上的重要经验。"双重管理"体制虽然也强化了登记管理机关和业务主管单位的监管职能，但由于过度强调对社会组织的事前审查，而忽略了对社会组织的过程监管，导致相应的监督和惩处缺乏有效性。因此，必须改变政府管理重审批、轻监管的模式，坚持培育发展和监督管理并重，坚持外部依法规范与组织内部自律并重相结合，建立健全政府监督、公众监督和社会组织自我监督的三元合作模式。

第一，加强政府相关部门的协调与合作，建立政府行政综合监管体系。

完善社会组织管理工作联席会议制度，加强与各职能部门工作联系和信息沟通；完善定期情况通报、联席会议、监管协作等制度，共同研究和解决社会组织工作中出现的问题，加大联合执法、协同监督和分工管理的力度，促进社会组织健康、有序、科学发展和诚信、依法、自主运营。

建立社会组织管理风险防范机制，完善社会组织风险管理、应急处置机制；建立社会组织监察网络，依法查处社会组织违法行为，严厉打击各种非法活动，取缔非法社会组织；建立社会组织信息披露制度、重大事项报告制度、公众投诉及时反馈制度，促进对社会组织的舆论监督、社会监督氛围和文化的形成。

转变政府对社会组织的监督管理方式，将定期的年检制度与不定期的抽查制度相结合，形成相互配套的社会组织过程监督管理机制。建立税收优惠和日常监管之间的信息关联，规范社会组织性质认定，完善财税主管部门和登记管理机关协同的非营利性质的认定机制，逐步建立起以税收和审计为起点的管理格局。

进一步推进社会组织分类评估机制建设，将政府行政监督与第三方专业监督有效结合。通过社会组织的分类评估，建立不同类社会组织的评估体系，为指定不同的社会扶持与培育以及监管政策提供依据；聘请第三方评估机构开展评估工作，初步建立"政府指导、部门协同、社会参与"的第三方评估机制，并将评估结果作为政府转移职能和购买服务的重要依据。

第二，推动社会组织自律机制的建立与完善，促进社会组织有序发展。

我国行业管理中一直存在"政府一放就乱、一管就死"的怪状，就是因为我们缺乏有效的行业自律机制，组织、行业等的公信力较低，仅靠外部监督起不到治根的作用。因此在社会组织发展以及公益行业的管理中，应该重视自律机制的建设，确保社会组织参与的正当性，建立一个高效、普遍、可持续的社会组织供给体系，这是防止社会组织失范，保证社会组织有序发展的关键。

首先，提高社会组织的自我监督能力。推动社会组织健全和完善以章程为核心的社会组织内部管理机制，促进社会组织自律建设，有效发挥权力机构、执行机构和监督机构的职能作用，健全民主选举、民主决策、民主管理、民主监督运行机制，增强独立性和自主性；推进社会组织的信息公开制度建设，及时将年度工作报告、政府支持资金的使用情况及公益项目的实施情况等向公众公开，提高社会组织透明度和公信力；建立一套内部职业行为标准和责任体系，加强社会组织从业人员的职业素养培育以及责任意识，防止组织腐败等行为的发生。

其次，提高同业组织的相互监督的能力。行业自律就是某一领域的社会组织联合制定本领域共同遵守的行为、道德标准及实施监督和约束的制度和方法，从而形成同类性质的社会组织共同的价值标准和行为规范。一是以推动行业协会、商会组织与行政机关脱钩为契机，有效推动关系民生、经济发展全局的协会、商会组织组建行业协会、商会联盟组织，加强同领域内社会组织之间的联系、沟通，发挥同类组织的示范效应来规范整个行业组织的发展。同时，通过行业认可、行业赞许和行业规制，提高社会组织的职业行为能力及社会公信力，实现社会组织的良性发展。二是以打破公益行业政府垄断为重点，积极推动公益类、慈善类、志愿类等社会组织组建全国性机构或联盟，以公益行业联盟或协会推进这类社会组织的自我监督和同业组织的相互监督，减少公益行为的"志愿失灵"。

最后，提高自律的专业化水平。通过建立民间专业的监督组织，来对整个社会组织进行监督，包括监督社会组织的活动，通过舆论、评估等手段敦促社会组织遵守法律规范和相关规则。借鉴美国"慈善导航"、"全国慈善信息局"专业自律的经验，积极培育和扶持一批经济类、公益类监督评估的社会组织，通过完善政府购买服务的机制，促进专业类评估监督组织向公众免费发布信息，以提高社会组织的透明度和公信力；积极推动专业评估监督机构研究制定分类评估标准体系，在借鉴西方分类评估标准体系的基础上，加快标准体系本土化进程，提高标准体系的针对性和有效性；分步骤、分类别举办交流会、学术会，特别是与国际专业评估监督机构的学习交流机制，提高专业自律组织的专业化水平。

第三，完善以公众监督和媒体监督为主的社会监督机制，扩大监督的社会基础。社会监督是对社会组织的行为进行规范的一个重要外部监督机制。社会组织之所以能够接受社会的捐赠，并以税收优惠等形式获得公益资产，是因为其有义务和责任做出非营利性宗旨的承诺，并向公众做出应有的交代。

一是建立公众监督机制。通过信息披露制度和公众投诉制度等配套机制的建立，鼓励公众尤其是捐赠人对社会组织的章程、组织机构、活动情况和财务管理等相关情况进行了解；加快公众或企业捐赠税收优惠政策的研究和完善，积极在全国范围内培养公民的公益志愿精神，推动志愿文化的形成，提升公众监督的文化动力和权力动力。二是强化各种媒体的舆论监督作用。建立和完善媒体企业的职业道德标准，提高媒体企业的社会责任感，推动媒体监督的有效性，降低其无序性。

四、结语

随着社会组织的快速发展以及作用的发挥，我国在社会组织管理上的改革力度也随之进一步加大。直接登记是今后管理改革的方向也是制度趋势。直接登记降低了社会组织的准入门槛，促进了社会组织与行政机关的脱钩，能进一步推进社会组织的发展。从各地改革探索的经验来看，基本都意识到了社会组织的巨大作用，转变了对社会组织的认识，逐步构建了"登记扶持并重、培育监管并行"的社会组织建设与管理的架构，树立了在提供培育扶持服务中加强管理的理念。但整体上看，相关法律、税收引导、社会监督以及组织的自律等方面探索得还不够，仍需借鉴西方发达国家经验。英美等国更重视通过完善的法律体系来规范其发展与管理行为，更低的准入门槛、税收在提高注册率、加强监督以及组织自律和公信力建设上都发挥了重要作用；在社会组织的扶持上也更多地引入竞争机制，以多种经济手段提高扶持的有效性；而更值得我们学习的就是社会组织的自律机制，通过自律与他律的结合来规范社会组织的发展。

直接登记后，社会组织的管理必须转变传统观念，实现由管控型向服务型转变；强化信息化建设，实现由粗放型管理向精细化管理转变；创新服务方式，实现从重登记轻扶持向登记扶持并重转变；建立综合监管体系，实现由事前监督向过程监督转变以及规范工作服务流程，创新服务咨询机制，强化对社会组织的支持性服务。而根据我国行业发展中一直以来存在的"政府一放就乱、一管就死"的怪状，在社会组织以及公益行业的发展管理中必须发挥社会组织的自律功能。通过推动组建公益行业联盟、组建全国性的公益社团组织，培育扶持专业类的监督评估组织等方式建立健全自律机制。这是实现上述转变，提高社会组织管理时效，促进社会组织发育与长远发展的基础，更在净化行业发展市场、文化及社会环境上有着无可比拟的功效。

（本报告为民政部 2013 年部级课题"中国社会组织建设与管理理论研究"的成果节选）

参考文献

［1］王名、孙伟林：《社会组织管理体制：内在逻辑与发展趋势》，《中国行政管理》2011 年第 7 期。

［2］曾东萍：《深圳民政改革"春天里"》，《南风窗·双周刊》2011 年第 8 期，第 44—46 页。

［3］何增科：《深圳市社会组织登记管理体制改革的案例研究》，《甘肃行政学院学报》2010 年第 4 期。

［4］阮萌：《深圳社会组织管理体制改革的经验和借鉴》，《开放导报》2011 年第 3 期。

［5］白景坤：《我国社会组织管理体制改革的目标及路径探析》，《理论探讨》2010 年第 2 期。

［6］郑琦、乔昆：《社会组织登记管理体制改革：模式比较与路径选择》，《理论与改革》2011 年第 1 期。

［7］王云斌：《社会组织登记管理体制改革：中国公民社会的成长》，《法制与经济》2010 年第 6 期。

［8］王名、刘求实：《中国非政府组织发展的制度分析》，《中国非营利评论》2007 年第 1 期。

［9］王名：《中国 NGO 的发展现状及其政策分析》，《公共管理评论》2007 年第 1 期。

［10］周红云：《中国社会组织管理体制改革：基于治理与善治的视角》，《马克思主义与现实》2010 年第 5 期。

［11］于轶群：《我国社会组织管理体制研究》，吉林大学硕士学位论文，2011 年。

［12］任建军：《我国社会组织管理体制改革研究》，天津大学硕士学位论文，2011 年。

第五节 中国城市社区发展中的公民意识培育研究

白南风 张文宁

公民意识是指公民个人对自己在国家中地位的自我认识，也就是公民自觉地以宪法和法律规定的基本权利和义务为核心内容，以自己在国家政治生活和社会生活中的主体地位为思想来源，把国家主人的责任感、使命感和权利义务观融为一体的自我认识。它围绕公民的权利与义务关系，反映公民对待个人与国家、个人与社会、个人与他人之间的道德观念、价值取向、行为规范，等等，主要包括道德意识、纪律意识、法律意识。其中，道德意识是一种发自内心的、自觉自律的而非强迫的行为准则；法律意识指公民知法、懂法，并自觉地以法律约束自己，守法、护法、用法的观念和行为；纪律意识则介乎这两者之间。在这三种意识中，法律意识最为重要，它是现代公民意识的核心，强调的是人在社会生活中的责任意识、公德意识、民主意识等基本道德意识。

从哲学的角度来讲，人的意识具有主观能动性，人的行为都是在意识的支配下进行的，因此，要想改变人的行为首先要改变人的意识。社区管理的参与者不仅是政府部门，居民也是社区管理的直接参与人。居民文化素质的好坏、受教育程度的高低、大局观念的多寡无一不在社区这个小空间里呈现，所以，社区建设，尤其是人文建设、社区文明氛围都与居民的公民意识密切相关。尤其是在如今构建"以人为本"和谐社会的推动下，培养有道德、高素质的公民，增强公民意识，成为我国转型期的重要任务之一。

一、培育社区居民公民意识的必要性

社区这一结构模式发展到今天，经历了国民经济的高速发展期，与社区整体条件日益改善形成强烈对比的是，人的观念意识似乎在走下坡路。

城市社区楼盘价格有高有低，社区条件有好有坏，不变的是社区里人与人之间的冷漠与隔阂，不变的是对个人利益的极度推崇以至于可以践踏他人或公共的利益，不变的是缺乏对社区整体的认同和热情。这一切都源于居民公民意识的缺乏，其产生的最根本原因是整个社会保障制度不健全导致国人普遍缺乏安全感，生存不易，人人自危，社会信用机制没有根本建立起来，人与人之间相互不信任导致自私自利行为盛行。社会无形等级制度仍然存在，国人普遍缺乏平等意识，以为有钱有势就有了高于一切的资本。为富不仁、为官不公让社会大众难以产生大局观，认为仅维持个人的小空间不受侵犯就足矣，不必考虑其他。缺少自律意识和责任意识，同时由于社会贫富差距的日益拉大，富人占有的社会公共资源越来越多，穷人的生存状况难以为继……如此种种，都无形地把"处处向钱看"的社会生存法则发挥到了极致，让民众的公民意识日益丧失。

在社区管理方面，表现得最为突出的是"公共意识"的缺乏。公共意识是指公民对公共事务的积极而非消极的认识和态度。从社区普遍情况来看，由于公共意识欠缺而产生的不和谐现象在社区中普遍发生，如在夜深人静时，有人大声喧哗影响其他住户的休息；乱丢垃圾，乱贴小广告，随地吐痰，让小孩在电梯里小便，占地停车等不文明现象更是屡见不鲜。因此，社区管理最终还是要强调社区居民自身提高公民意识，摒弃自私自利的劣根性，培育平等意识和自律意识，树立大局观念，强调自律、强化自我管理，这样才能培养出健康的社会价值土壤，从而长出社区管理良好局面的参天大树。

二、公民意识与公共利益

当前的社区管理中始终存在一些不和谐的声音，如私搭乱建现象层出不穷，少部分人在居民楼顶修建菜园，养鸡养猪，导致下雨天污水横流、臭气弥漫，严重影响了其他住户的合法权利。出现这种现象的原因在于少数居民对社区没有归属意识，认为公共空间不属于特定人，于是能占用公共空间就是占了天大的便宜，且违法建筑建成后纠错成本很高，执行困难，更加助长了这部分人对公共规则的无视和对公共利益的侵占，认为这个便宜"不占白不占"、"我不占别人也会去占"。在这种心态的影响下，侵占公共利益的少数人就损害了大多数居民的利益。

尤其是在城镇化进程日益加快的背景下，城镇化后身份的转变必然要求人的心理认同感随之改变。城镇化生活节奏加快、人与人之间的沟通越来越频繁，由此产生的矛盾也会不断出现。我国多年来实行垂直管理体制，目前的社区管理仍属于垂直管理，自治程度很低，缺乏社区居民的自我管理和横向社会协商、互动监督机制，其弊端之一就是人们的自律性较差，遵纪守法意识也较淡薄。由于缺少居民社会参与、自我管理的环节，社会管理过多地依靠行政性垂直管理，而人们在日常生活中是很难看到社区的直接管理者的，缺乏自律意识和法制观念的人就有可能为了自己的利益而损害公共利益。其结果，就会产生进一步加强行政性管理的需求，导致进一步依赖垂直管理，形成恶性循环。

在社区管理过程中，公共利益与公民意识应该是相互促进、相互融合的关系。公民意识的增强能够促使人们自觉维护公共利益，且不因个人利益而损坏公共利益，进而保障公共利益的实现。反之，一旦公共利益遭到破坏，势必对公民意识造成一定影响，个体对整体的认同感将会下降，逐渐形成个体从整体脱离的现象。所以说，在社区管理中强调公共利益是为了更好地维护个人的利益，毕竟社区是居民共同生活居住的公共场所，每个人都有权利享受社区公共设施带来的便利，同时又有权维护公共利益不受侵犯。

三、国外社区建设中的公民意识体现

1. 美国——社区建设以自治为主

美国社区是一个社会自治联合体，在政府与社区居民之间起到桥梁和纽带的作用。参与社区工作的各级政府部门机构健全，人员职责分明，有效地避免了部门之间的推诿、扯皮现象。社区工作的实际权力掌握在社区董事会手中，其成员都是不拿薪水的义务工作者，节省了大量的社区经费开支；社区的组织机构类似于企业，从而保证了社区管理工作的高效率；社区董事会和社区顾问团的成员结构合理，既广泛代表社区民意，又有政府职能部门的参与，保证了社区董事会所作决定的贯彻、执行，也为动员社区各方面的力量和居民共同参与创造了条件。

2. 德国——强调居民参与机制

德国的社区建设强调以人为本，将人认定为可持续发展的中心议题与最终目标。居民参与被视为社区可持续发展的必然过程，居民参与社区居住模式的设计和运作过程；社区居民成员组成分工不同的工作小组，负责各项专业议题的运作，组织的运作经费来自会费、捐赠、政府资助与创收。其功能包括组织居民、教育居民、开展居民参与的活动、对社区开发进行监督、搜集整理并传播有关可持续发展的信息等，保证居民参与的实现。

3. 日本——强调居民自律，突出自我管理

日本社区管理的原则在于重视居民的自律和自我管理，提倡居民作为主体参与社区的建设与完善，赋予社区自治组织更多的自主权和自治功能。日本社区管理属于混合型，政府和民间都参与了社会管理，社区管理是两种力量共同作用的结果。由社区居民自发组成的社区自治组织有着自己的独立意志，并根据自己的意志自主管理社区事务；政府的作用只是根据当地居民的要求进行扶持和帮助，决定权在社区民众。日本社区自治组织由社区全体居民自发形成，几乎每个居民都是社区组织的成员，而且社区组织具有很强自主性，在与政府方面意见发生冲突时，社区组织倾向于维护自身利益，社区本身意见居于优势地位。混合型社区管理模式并没有改变社区的自主性乃至自治的本质属性，社区管理的所有活动，都以本社区的健康发展和居民的安居乐业为目标，除此以外的任何要求都不是社区管理的目标。

显而易见，在国外的社区管理中，社区居民是绝对的主角，从社区管理、资金筹集、人员配置各个方面都由社区居民来完成，政府在社区管理中承担着引导责任。国外管理较好的社区一般来看物业管理程度也较高，加上居民能自觉维护社区整体环境，避免侵害他人权利，所以社区里私搭乱建、乱停车、不文明养犬等现象较为少见。

四、我国社区居民公民意识现状

1. 主体意识欠缺，参与度不高

参与社区事务最积极的是离退休和没有工作的老年人，而青年人的参与程度普遍较低，可见当前社区参与主体缺乏明显的广泛性，参与的方式大多也是被动式、执行式的参与。相当一部分社区居民对社区认同感较低，尤其是外来人口、租房人口对社区缺乏认同感，因此对社区事务的参与不感兴趣。

2. 参与管理范围有限，内容单一

社区里的公民意识主要体现在对社区事务的参与、社区公共环境维护、社区整体利益诉求等方面。其中大部分属于非政治性的参与，多与居民的生活密切相关。从对北京、厦门等城市社区调研情况看，居民的社区参与范围有限，非政治性参与是目前居民参与的主要内容。居民参与的社区事务多与政治无关或关系不大，其参与项目大多是诸如打扫卫生、为民服务、参加治安巡逻、捐款捐物等，与健身性、文化娱乐性有关的非政治性活动成为目前社区居民参与的主要内容。大多数居民对于社区公共事务

和公益事业的决策和执行；对于社区建设与治理规划的制度与执行；对于政府的行政管理活动和公共服务的提供等都很少参与。

3. 社区自治水平较低，行政性功能突出

在社区自治方面，基本上每个社区都有归属管辖的社区居委会，但是居委会的职能相当大的一部分仍属于行政职能，居民自治功能很少。居委会的日常工作多是与社区行政管理相关的工作，工作人员也忙于行政事务，很少涉及到居民自治部分。

4. 业主委员会难以实现自治功能

在城市社区仅有一部分设施完备、建设时间较晚、经济水平较高的社区才会成立业主委员会。实践中，业主委员会主要是由物业管理区域内的业主代表组成，代表业主的利益，向社会各方反映业主意愿和要求，并监督物业管理公司管理运作的一个民间性组织，不具有法人资格。所以当出现私搭乱建、不文明养犬、占道停车等损坏社区公共利益的行为时，业主委员会不具有强制执行的功能，只能代表业主提起诉讼，由法院来强制执行。成立难、决策执行难，是目前业主委员会面临的最大难题。

五、培育公民意识的途径

1. 积极开展公民意识教育

公民意识的养成不是一朝一夕的事情，需要从教育入手。然而，我国目前的教育制度仍是应试教育，很少涉及到公民教育，导致了公民意识的普遍淡薄，"人不为己，天诛地灭"的思想仍在少数人的心里根深蒂固。公民意识教育的主要内容应该包括公民对自身权利、义务的认识、公民参政议政的认识，以及公民平等意识等。

2. 实施多元化的社区管理方式

社区民主管理的方式有：一是以社区工作站为形式的行政管理，二是以社区居委会为形式的基层自治管理，三是由居民自发组织的、以业主委员会为形式的自我管理。

从机构性质上看，社区工作站是街道办事处派驻到社区的工作机构，承担政府及街道办事处在社区的各项工作和公共服务；社区居委会属于城镇居民的自治组织，是居民自我管理、自我教育、自我服务的基层群众性自治组织；业主委员会是指由物业管理区域内业主代表组成，代表业主的利益，向社会各方反映业主意愿和要求，并监督物业管理公司管理运作的一个民间性组织，不具有法人资格。

社区管理一方面要实现政府基层管理的行政职能，另一方面要体现出居民的公众意识和自我管理，增强居民的公民意识，对社区产生认同感和责任心，将居民自发的参与意识加以引导，以居民委员会和业主委员会为不同的载体，结合社区的实际条件，才能规范有序地实现居民的自我管理，实现公民意识中的自治权利。

只有在社区实行居民自治，保障居民们行使自治权利，按照自己的意愿选出自己满意的自治组织，让居民通过居民会议来讨论决定自治区域内的内部事务，才能反映大多数居民的意愿，避免居民的权利被僭越，达到民心顺畅，从而形成社区内真正的和谐，并为维系社区的长久和谐提供必要的制度保证。构建和谐社会是一项巨大的系统工程，在这项系统工程的实施中，和谐社区建设是其中必不可少的一环，只有达成社区的和谐才能小和谐促成大和谐，最终形成整个社会的和谐。

3. 从制度设计入手培育公民意识

只有制度健全才能催生公民意识。从历史发展的规律来看，公民意识的培育和提高必须有完善的民主制度做后盾。孟德斯鸠说过：自由不是无限制的自由，自由是一种能做法律许可的任何事的权力。可见自由须是在法律框架许可下的有限自由，而不是少部分人认为的没有限制、随心所欲的自由。只有从制度上明确居民享有的自治权利，强调居民参与社会事务的管理，才能更好地保障社区管理、公共服务的有效性和社会稳定。公民意识不是简单的道德教育就能形成的，而是要依靠制度建设，前提是任何人都不能妨害其他人的利益。确立一个既有合理的行政管理又有群众参与的制度，明确个人自由的限度，才可能真正发挥民主的作用。只有实现了居民自我管理、自我约束，才能真正体现出社区自治的含义，才能从根本上解决诸如私搭乱建屡禁不止等影响公平正义和社会稳定的问题。对此，需要建立健全以下培育公民意识的制度措施：

（1）发挥政府引导作用，从制度、体制执行过程中充分保障社区居民自治的权利。以《中华人民共和国城市居民委员会组织法》为指导，发挥民主选举职能选任居民满意的社区居委会工作人员，保障居委会办公用房等硬件配套齐全。

（2）明确居委会的自治职能，让其回到居民自治的设计初衷上来。

（3）扩展居民的参与渠道。比如听证会制度，人民联络员制度，居民论坛等方式，鼓励居民参与到社区建设中来。

社区管理、社区建设的落脚点最终还是在人，人的受教育程度和社会公德意识的高低直接影响了人在社区这个相对独立空间的个体行为意识。不可否认在社区管理和自治方面，受教育程度高的居民比受教育程度低的居民有着更高的自我约束、自我管理的能力，社会公德意识高的居民有着更高的大局意识和主人翁观念。整个社会风气的好坏直接影响了社区建设的方向，在一个金钱至上、物欲横流的社会，人人为己、利字当头，每个人只顾照顾好个人空间环境和秩序，无视公共环境和公共秩序，私搭乱建、占道停车、不文明养犬、破坏公物、践踏社区绿地等不文明行为将会屡禁不止。所以说，社区管理和建设离不开高素质的居民，离不开有全局观念、乐于奉献的公民。只有不断增强居民的公民意识，才能更好地实现居民自治。

参考文献

[1] 张可创、李其龙：《德国基础教育》，广东教育出版社 2005 年版。

[2] 吴鹏森、章友德：《城市社区的建设与发展》，上海人民出版社 2007 年版。

[3] 侯钧生、陈钟：《发达国家与地区社区发展经验》，机械工业出版社 2004 年版。

[4] 吴亦明：《现代社区工作——一个专业社会工作的领域》，世纪出版社 2003 年版。

第四部分　城市排行榜及部分城市数据

第一节　中国城市科学发展典范城市

排　名	城　市	排　名	城　市
1	深圳市	11	东莞市
2	北京市	12	佛山市
3	珠海市	13	杭州市
4	鄂尔多斯市	14	沈阳市
5	大连市	15	东营市
6	中山市	16	厦门市
7	上海市	17	宁波市
8	苏州市	18	威海市
9	广州市	19	南京市
10	无锡市	20	克拉玛依市

上述城市即为"中国城市科学发展综合评价（E&G）体系"综合排名前20位的城市。

第二节　中国城市科学发展典型城市

一、综合实力典型城市

排　名	城　市	排　名	城　市
21	包头市	36	金华市
22	盘锦市	37	乌鲁木齐市
23	常州市	38	呼和浩特市
24	长沙市	39	太原市
25	大庆市	40	湖州市
26	天津市	41	南通市
27	淄博市	42	莱芜市
28	青岛市	43	西安市
29	嘉兴市	44	本溪市
30	绍兴市	45	长春市
31	武汉市	46	扬州市
32	烟台市	47	台州市
33	乌海市	48	辽阳市
34	舟山市	49	成都市
35	镇江市	50	嘉峪关市

上述城市即为"中国城市科学发展综合评价（E&G）体系"综合排名第21—50位的城市。

二、系统发展典型城市（三大母系统排名前 50 名城市）

经济发展水平系统

排 名	城 市	排 名	城 市
1	鄂尔多斯市	26	大庆市
2	东营市	27	绍兴市
3	深圳市	28	镇江市
4	苏州市	29	淄博市
5	广州市	30	厦门市
6	佛山市	31	烟台市
7	无锡市	32	株洲市
8	上海市	33	盘锦市
9	大连市	34	武汉市
10	中山市	35	济南市
11	珠海市	36	嘉兴市
12	包头市	37	扬州市
13	克拉玛依市	38	金华市
14	宁波市	39	哈尔滨市
15	沈阳市	40	南通市
16	东莞市	41	嘉峪关市
17	杭州市	42	唐山市
18	北京市	43	舟山市
19	威海市	44	泉州市
20	天津市	45	泰州市
21	青岛市	46	湖州市
22	乌鲁木齐市	47	台州市
23	常州市	48	莱芜市
24	南京市	49	南宁市
25	长沙市	50	乌海市

公共服务水平系统

排 名	城 市	排 名	城 市
1	北京市	26	南京市
2	珠海市	27	苏州市
3	大连市	28	无锡市
4	上海市	29	伊春市
5	厦门市	30	白山市
6	深圳市	31	威海市
7	本溪市	32	克拉玛依市
8	中山市	33	西安市
9	广州市	34	济南市
10	沈阳市	35	佛山市
11	杭州市	36	铜陵市
12	乌海市	37	包头市
13	盘锦市	38	呼伦贝尔市
14	抚顺市	39	乌鲁木齐市
15	拉萨市	40	长春市
16	东莞市	41	辽阳市
17	石嘴山市	42	阜新市
18	攀枝花市	43	呼和浩特市
19	固原市	44	铜川市
20	宁波市	45	昆明市
21	鄂尔多斯市	46	丹东市
22	嘉峪关市	47	鞍山市
23	天津市	48	青岛市
24	武汉市	49	银川市
25	太原市	50	江门市

居民实际享有水平系统

排 名	城 市	排 名	城 市
1	深圳市	26	沈阳市
2	北京市	27	舟山市
3	东莞市	28	湖州市
4	佛山市	29	福州市
5	威海市	30	烟台市
6	无锡市	31	青岛市
7	杭州市	32	呼和浩特市
8	珠海市	33	南通市
9	苏州市	34	广州市
10	南京市	35	郑州市
11	鄂尔多斯市	36	上海市
12	东营市	37	镇江市
13	淄博市	38	泉州市
14	中山市	39	莱芜市
15	大庆市	40	温州市
16	常州市	41	临沂市
17	厦门市	42	廊坊市
18	克拉玛依市	43	包头市
19	金华市	44	成都市
20	嘉兴市	45	盘锦市
21	长沙市	46	黄山市
22	宁波市	47	潍坊市
23	绍兴市	48	滨州市
24	大连市	49	扬州市
25	台州市	50	晋城市

第三节 中国城市特色发展优势城市

一、经济增长效率优势城市

即经济发展总水平子系统排名前 10 名的城市：

城市	城市
鄂尔多斯市	大连市
东营市	嘉峪关市
包头市	苏州市
无锡市	大庆市
深圳市	广州市

二、居民收入统筹优势城市

即居民收入水平子系统排名前 10 名的城市：

城市	城市
深圳市	苏州市
北京市	宁波市
上海市	杭州市
东莞市	无锡市
广州市	中山市

三、要素利用效率优势城市

即发展要素利用效率子系统排名前 10 名的城市：

城市	城市
中山市	苏州市
东莞市	茂名市
佛山市	包头市
鄂尔多斯市	呼伦贝尔市
上海市	东营市

四、人居生活环境优势城市

即居民生活环境子系统排名前 10 名的城市：

城市	城市
深圳市	铜陵市
石嘴山市	厦门市
黄山市	克拉玛依市
大庆市	南京市
随州市	新余市

五、外部效应调控优势城市

即发展外部效应子系统排名前 10 名的城市：

城市	城市
深圳市	遂宁市
资阳市	揭阳市
长沙市	莆田市
天津市	扬州市
长春市	成都市

六、发展速度提升优势城市

即相较 2008 年排名增长速度前 10 名的城市：

城市	城市
石嘴山市	重庆市
拉萨市	松原市
茂名市	眉山市
萍乡市	自贡市
南昌市	漯河市

第四节 2013年中国城市科学发展综合数据分析表(部分)

(综合指数排名为1—50位的城市)

一、城市经济发展水平母系统

1. 城市经济发展总水平子系统

经济发展总水平

城市	分值小结	人均GDP(元/人)	数值	排名
鄂尔多斯市	1	148069	1	1
东营市	0.859028	128051	0.859028	2
包头市	0.716993	107882	0.716993	3
无锡市	0.647697	98042	0.647697	4
深圳市	0.638275	96704	0.638275	5
大连市	0.637803	96637	0.637803	6
嘉峪关市	0.624782	94788	0.624782	7
苏州市	0.614824	93374	0.614824	8
大庆市	0.602514	91626	0.602514	9
广州市	0.593134	90294	0.593134	10
克拉玛依市	0.580127	88447	0.580127	11
佛山市	0.555085	84891	0.555085	12
珠海市	0.543458	83240	0.543458	13
乌海市	0.527028	80907	0.527028	14
威海市	0.515831	79317	0.515831	15
上海市	0.496134	76520	0.496134	16
天津市	0.491634	75881	0.491634	17
沈阳市	0.490359	75700	0.490359	18

续表

城市	分值小结	人均GDP（元/人）	数值	排名
杭州市	0.462873	71797	0.462873	19
北京市	0.462789	71785	0.462789	20
呼和浩特市	0.455965	70816	0.455965	21
宁波市	0.451873	70235	0.451873	22
长沙市	0.449099	69841	0.449099	23
青岛市	0.447394	69599	0.447394	24
常州市	0.441542	68768	0.441542	25
盘锦市	0.438944	68399	0.438944	26
淄博市	0.438627	68354	0.438627	27
镇江市	0.435324	67885	0.435324	28
烟台市	0.435239	67873	0.435239	29
南京市	0.422465	66059	0.422465	30
中山市	0.409127	64165	0.409127	31
厦门市	0.406218	63752	0.406218	32
鞍山市	0.403549	63373	0.403549	33
唐山市	0.402	63153	0.402	34
铜陵市	0.393887	62001	0.393887	35
济南市	0.384352	60647	0.384352	36
武汉市	0.376331	59508	0.376331	37
绍兴市	0.373176	59060	0.373176	38
本溪市	0.371275	58790	0.371275	39
舟山市	0.36793	58315	0.36793	40
新余市	0.346606	55287	0.346606	41
东莞市	0.339761	54315	0.339761	42
金昌市	0.336387	53836	0.336387	43
嘉兴市	0.332134	53232	0.332134	44
扬州市	0.330261	52966	0.330261	45
榆林市	0.329479	52855	0.329479	46
南通市	0.308845	49925	0.308845	47
长春市	0.301275	48850	0.301275	48
郑州市	0.295542	48036	0.295542	49
泉州市	0.294345	47866	0.294345	50

2. 城市发展要素利用效率子系统

发展要素利用效率

城市	分值小结	土地利用效率(亿元/平方公里)	数值	排名	劳动生产率(元/人)	数值	排名	投资利用率(元/元)	数值	排名	单位产值电耗(万元/千瓦时)	数值	排名
中山市	0.496092	48	1	1	96629	0.320526	40	2.63	0.304805	15	0.0000002252	0.359037	26
东莞市	0.491274	44.39	0.922682	2	71335	0.231471	76	4.15	0.533033	3	0.0000001768	0.27791	79
佛山市	0.474206	40.12	0.831227	3	137903	0.465843	12	3.17	0.385886	10	0.0000001386	0.213866	152
鄂尔多斯市	0.464092	25.08	0.509103	29	289618	1	1	1.32	0.108108	165	0.0000001537	0.239157	116
上海市	0.437969	20.27	0.406083	50	162661	0.553011	7	3.55	0.442943	4	0.0000002197	0.349841	30
苏州市	0.422286	29.23	0.597987	16	161196	0.547853	9	2.29	0.253754	25	0.0000001837	0.289551	70
茂名市	0.412293	15.26	0.298779	111	56486	0.179191	119	7.26	1	1	0.0000001131	0.171202	215
包头市	0.405619	15.7	0.308203	107	197973	0.677337	4	1.34	0.111111	155	0.0000003247	0.525825	12
呼伦贝尔市	0.385017	37.97	0.785179	7	89818	0.296546	46	1.32	0.108108	165	0.0000002199	0.350236	29
东营市	0.379905	24.14	0.48897	31	208844	0.715612	3	1.67	0.160661	69	0.0000001031	0.154379	232
抚顺市	0.369399	6.83	0.118227	258	83353	0.273784	53	1.17	0.085586	206	0.0000006075	1	1
广州市	0.368108	11.63	0.221032	181	154920	0.525756	10	3.37	0.415916	8	0.0000001958	0.309727	47
本溪市	0.366869	8.48	0.153566	229	127085	0.427755	19	1.55	0.142643	98	0.0000004545	0.743513	2
鞍山市	0.364066	13.67	0.264725	139	134083	0.452394	15	1.61	0.151652	83	0.0000003615	0.587494	7
克拉玛依市	0.359719	10.95	0.206468	193	243787	0.838639	2	2.72	0.318318	14	0.0000000560	0.075452	282
无锡市	0.355312	21.82	0.43928	41	163370	0.555507	6	1.99	0.208709	41	0.0000001409	0.217753	142
玉溪市	0.355104	31.34	0.643178	12	54530	0.172304	127	3.41	0.421922	5	0.0000001202	0.183011	194

续表

城市	分值小结	土地利用效率（亿元/平方公里）	数值	排名	劳动生产率（元/人）	数值	排名	投资利用率（元/元）	数值	排名	单位产值电耗（万元/千瓦时）	数值	排名
深圳市	0.35387	12.04	0.229814	168	132394	0.446447	16	4.91	0.647147	2	0.0000000659	0.092074	280
沈阳市	0.349921	12.72	0.244378	155	152902	0.518651	11	1.2	0.09009	193	0.0000003370	0.546566	10
大连市	0.335824	14.58	0.284215	125	130079	0.438296	17	1.24	0.096096	184	0.0000003240	0.524688	13
嘉峪关市	0.334147	4.02	0.058042	281	178542	0.608925	5	3.39	0.418919	7	0.0000001606	0.250703	105
宁波市	0.33266	18.8	0.374598	64	108489	0.362282	32	3.29	0.403904	9	0.0000001243	0.189854	181
威海市	0.326258	15.32	0.300064	110	128198	0.431674	18	1.66	0.159159	75	0.0000002581	0.414134	18
宁德市	0.320695	38.63	0.799315	4	46677	0.144655	157	1.74	0.171171	61	0.0000001110	0.16764	220
吕梁市	0.317264	38.34	0.793103	6	57978	0.184444	110	1.55	0.142643	98	0.0000000998	0.148868	240
泰州市	0.3143	31.54	0.647462	11	73721	0.239872	70	1.76	0.174174	58	0.0000001278	0.195693	170
金华市	0.312059	29.86	0.61148	14	64503	0.207417	91	2.56	0.294294	16	0.0000000916	0.135044	254
盘锦市	0.308955	14.71	0.286999	122	89373	0.294979	47	1.13	0.07958	217	0.0000003536	0.574264	8
青岛市	0.304896	20.96	0.420861	44	111783	0.37388	29	1.75	0.172673	60	0.0000001614	0.252172	104
榆林市	0.304765	34.07	0.701649	10	91133	0.301176	45	1.29	0.103604	170	0.0000000782	0.112631	269
汕尾市	0.303132	35.01	0.721782	9	44043	0.135381	166	1.59	0.148649	87	0.0000001343	0.206715	156
沧州市	0.302453	38.6	0.798672	5	56545	0.179398	118	1.45	0.127628	121	0.0000000731	0.104113	276
北京市	0.301107	11.77	0.224031	177	135464	0.457256	13	2.45	0.277778	21	0.0000001574	0.245366	110
呼和浩特市	0.298573	11.85	0.225744	172	122528	0.411711	21	2	0.21021	38	0.0000002178	0.346625	31
丹东市	0.298505	15.08	0.294924	114	63543	0.204037	93	1.13	0.07958	217	0.0000003782	0.615481	5

续表

城市	分值小结	土地利用效率（亿元/平方公里）	数值	排名	劳动生产率（元/人）	数值	排名	投资利用率（元/元）	数值	排名	单位产值电耗（万元/千瓦时）	数值	排名
珠海市	0.298277	10.53	0.197473	199	125392	0.421794	20	2.05	0.217718	31	0.0000002235	0.356125	27
锦州市	0.296684	13.47	0.260441	141	59673	0.190411	105	1.43	0.124625	129	0.0000003756	0.61126	6
绍兴市	0.296046	26.73	0.544442	21	84888	0.279188	51	2.04	0.216216	33	0.0000000971	0.144337	246
三明市	0.295648	35.64	0.735275	8	67724	0.218757	86	1.12	0.078078	222	0.0000001008	0.15048	236
常德市	0.295447	20.62	0.413579	47	48985	0.152781	144	2.36	0.264264	22	0.0000002205	0.351165	28
常州市	0.292668	18.48	0.367745	68	115141	0.385703	25	1.44	0.126126	124	0.0000001847	0.291099	69
松原市	0.28968	25.67	0.521739	26	75584	0.246431	63	1.45	0.127628	121	0.0000001679	0.262922	91
唐山市	0.289634	20.58	0.412722	48	109428	0.365588	30	1.89	0.193694	50	0.0000001223	0.186552	188
烟台市	0.288181	17.6	0.348897	80	109072	0.364335	31	1.64	0.156156	79	0.0000001800	0.283336	75
嘉兴市	0.286524	27.41	0.559006	20	75047	0.24454	68	1.62	0.153153	82	0.0000001240	0.189395	182
天津市	0.286259	14.46	0.281645	128	134687	0.45452	14	1.37	0.115616	148	0.0000001859	0.293257	66
台州市	0.285109	21.72	0.437139	42	67960	0.219588	84	2.5	0.285285	19	0.0000001294	0.198423	165
淄博市	0.284314	13.42	0.25937	142	116332	0.389896	24	2.08	0.222222	30	0.0000001696	0.265767	87
辽阳市	0.2836	7.7	0.13686	246	89100	0.294018	48	1.58	0.147147	93	0.0000003429	0.556376	9
长沙市	0.283119	16.18	0.318484	98	112814	0.37751	27	1.44	0.126126	124	0.0000001961	0.310355	46

3. 城市科技先进性水平子系统

科技先进性

城市	分值小结	科学支出比重(%)	数值	排名	国际互联网使用率(%)	数值	排名
株洲市	0.550054	16.27	1	1	9.18	0.100108	160
乌鲁木齐市	0.533809	1.24	0.067618	114	76.06	1	1
河源市	0.460303	1.05	0.055831	145	66.01	0.864774	2
南宁市	0.437147	1.26	0.068859	111	61.6	0.805436	3
哈尔滨市	0.397013	2.07	0.119107	54	51.9	0.674919	6
重庆市	0.367536	0.97	0.050868	155	52.59	0.684203	5
贵港市	0.348021	0.33	0.011166	275	52.64	0.684876	4
广州市	0.342546	1.88	0.10732	65	44.68	0.577772	7
北京市	0.333028	5.64	0.340571	3	25.93	0.325484	18
珠海市	0.322623	3.86	0.230149	16	32.59	0.415097	9
杭州市	0.314176	4.67	0.280397	8	27.6	0.347955	15
宁波市	0.30986	3.75	0.223325	17	31.2	0.396394	10
上海市	0.308831	5.58	0.336849	4	22.61	0.280813	29
深圳市	0.30135	4.43	0.265509	11	26.8	0.337191	16
南京市	0.300808	3.61	0.21464	19	30.5	0.386975	11
东莞市	0.29879	5.15	0.310174	6	23.1	0.287406	26
苏州市	0.290663	5.35	0.322581	5	20.97	0.258746	34

续表

城市	分值小结	科学支出比重(%)	数值	排名	国际互联网使用率(%)	数值	排名
中山市	0.289154	4.36	0.261166	12	25.31	0.317142	19
绍兴市	0.284185	4.87	0.292804	7	22.22	0.275565	30
大连市	0.275709	4.51	0.270471	10	22.62	0.280947	28
无锡市	0.269746	4.09	0.244417	13	23.67	0.295075	22
厦门市	0.26836	3.13	0.184864	28	27.89	0.351857	14
太原市	0.261142	3.24	0.191687	25	26.31	0.330597	17
蚌埠市	0.252729	3.19	0.188586	26	25.29	0.316873	20
佛山市	0.242835	3.32	0.19665	24	23.22	0.28902	25
芜湖市	0.242736	6.13	0.370968	2	10.25	0.114505	133
嘉兴市	0.242421	3.94	0.235112	15	20.3	0.249731	37
金华市	0.235168	3.55	0.210918	20	21.02	0.259419	33
扬州市	0.230077	3.67	0.218362	18	19.71	0.241792	38
常州市	0.230022	3.46	0.205335	21	20.67	0.254709	36
丹东市	0.229807	0.77	0.038462	181	33.04	0.421152	8
伊春市	0.224546	1.16	0.062655	124	30.46	0.386437	12
沈阳市	0.222414	3.18	0.187965	27	20.83	0.256862	35
武汉市	0.212858	2	0.114764	57	24.85	0.310953	21
莱芜市	0.20983	4.67	0.280397	8	12.09	0.139263	106

续表

城市	分值小结	科学支出比重（%）	数值	排名	国际互联网使用率（%）	数值	排名
青岛市	0.201655	2.45	0.14268	42	21.11	0.26063	32
湖州市	0.201103	3.02	0.17804	31	18.4	0.224166	46
威海市	0.20098	2.81	0.165012	36	19.35	0.236948	42
舟山市	0.197886	1.86	0.106079	67	23.27	0.289693	24
宁德市	0.197193	0.61	0.028536	222	28.93	0.36585	13
镇江市	0.188068	3.45	0.204715	22	14.48	0.171421	71
南通市	0.186713	3.12	0.184243	29	15.8	0.189182	56
长沙市	0.185114	2.96	0.174318	34	16.3	0.19591	53
天津市	0.182006	3.35	0.198511	23	14.04	0.165501	77
海口市	0.179014	1.36	0.075062	97	22.77	0.282966	27
合肥市	0.17745	4.01	0.239454	14	10.32	0.115447	131
温州市	0.176514	1.98	0.113524	58	19.54	0.239505	39
泉州市	0.176292	2.27	0.131514	47	18.17	0.221071	47
台州市	0.175744	2.12	0.122208	51	18.78	0.229279	44
惠州市	0.174722	2.33	0.135236	44	17.66	0.214209	48

4. 城市外部发展效应子系统

发展外部效应

城市	分值小结	单位产值废水排放（吨/万元）	数值	排名	单位产值二氧化硫排放（吨/亿元）	数值	排名	工业固体废物综合利用率（%）	数值	排名
深圳市	0.996975	0.57	0.992966	5	0.24	1	1	99.81	0.997958	17
资阳市	0.99438	0.5	0.994111	3	3.51	0.994187	3	99.52	0.994841	24
长沙市	0.988937	0.67	0.99133	9	4.36	0.992676	11	98.4	0.982805	46
天津市	0.988668	0.95	0.98675	17	10.64	0.981512	50	99.79	0.997743	18
长春市	0.987904	0.9	0.987567	15	9.79	0.983023	44	99.36	0.993122	29
遂宁市	0.986639	1.76	0.973499	63	7.88	0.986418	29	100	1	1
揭阳市	0.985776	2.03	0.969082	78	6.55	0.988783	19	99.95	0.999463	12
莆田市	0.985773	1.39	0.979552	41	9.12	0.984214	39	99.4	0.993552	28
扬州市	0.983241	1.35	0.980206	37	8.32	0.985636	33	98.5	0.98388	44
成都市	0.983021	1.71	0.974317	59	6.95	0.988072	23	98.76	0.986674	41
青岛市	0.981809	0.92	0.98724	16	6.23	0.989351	16	97.1	0.968834	63
中山市	0.981208	1.66	0.975135	56	3.88	0.993529	4	97.67	0.97496	56
徐州市	0.980259	1.55	0.976934	49	20.58	0.963841	112	100	1	1
巴中市	0.979813	1.11	0.984132	24	6.64	0.988623	21	96.9	0.966685	67
佛山市	0.979283	1.44	0.978734	44	6.19	0.989423	14	97.18	0.969694	62
漯河市	0.978853	2.04	0.968919	79	14.15	0.975272	77	99.29	0.99237	32
南充市	0.97803	2.13	0.967446	84	7.88	0.986418	29	98.16	0.980226	48

续表

城市	分值小结	单位产值废水排放（吨/万元）	数值	排名	单位产值二氧化硫排放（吨/亿元）	数值	排名	工业固体废物综合利用率（%）	数值	排名
庆阳市	0.977315	0.52	0.993784	4	8.97	0.984481	37	95.69	0.953681	87
上海市	0.977218	1.38	0.979715	40	6.48	0.988907	18	96.56	0.963031	69
沈阳市	0.977093	0.67	0.99133	9	8.75	0.984872	35	95.82	0.955078	85
汕尾市	0.976311	2.08	0.968264	80	17.65	0.96905	99	99.22	0.991617	35
沧州市	0.975477	3.07	0.952069	146	11.76	0.979521	57	99.52	0.994841	24
南通市	0.97517	2.26	0.96532	92	7.52	0.987058	26	97.5	0.973133	57
泰安市	0.974548	1.76	0.973499	63	16.98	0.970241	93	98.13	0.979903	49
廊坊市	0.974507	2.61	0.959594	111	17.51	0.969299	98	99.5	0.994627	26
莱芜市	0.974098	0.14	1	1	6.47	0.988925	17	93.8	0.933369	108
许昌市	0.973603	2.09	0.968101	81	13.12	0.977103	68	97.73	0.975605	55
滨州市	0.973408	3.02	0.952887	144	18.01	0.96841	100	99.9	0.998925	14
南昌市	0.97333	2.82	0.956159	130	10.55	0.981672	49	98.34	0.98216	47
济南市	0.973114	1.59	0.97628	53	27.13	0.952197	147	99.15	0.990865	37
随州市	0.972624	2.75	0.957304	126	6.22	0.989369	15	97.32	0.971198	59
镇江市	0.972491	2.15	0.967119	85	16.68	0.970774	91	98.1	0.979581	50
克拉玛依市	0.972233	1.03	0.985441	19	29.72	0.947593	156	98.48	0.983665	45
珠海市	0.971683	1.7	0.974481	58	9.49	0.983556	41	96	0.957012	82
德州市	0.971541	1.52	0.977425	46	17.31	0.969654	97	96.98	0.967544	65

续表

城市	分值小结	单位产值废水排放（吨/万元）	数值	排名	单位产值二氧化硫排放（吨/亿元）	数值	排名	工业固体废物综合利用率（%）	数值	排名
广州市	0.971539	1.56	0.976771	50	4.19	0.992978	7	94.87	0.944868	98
大庆市	0.971069	1.32	0.980697	35	13.54	0.976356	70	95.92	0.956153	84
安庆市	0.970625	2.56	0.960412	105	9.77	0.983058	43	97.06	0.968404	64
蚌埠市	0.970545	3.39	0.946835	165	14.72	0.974259	82	99.12	0.990543	38
眉山市	0.970286	2.78	0.956813	129	26.09	0.954046	143	100	1	1
龙岩市	0.96953	3.69	0.941927	174	18.63	0.967308	103	99.94	0.999355	13
十堰市	0.969333	1.71	0.974317	59	15.54	0.972801	85	96.36	0.960881	73
阳江市	0.969233	2.82	0.956159	130	23.63	0.958419	130	99.36	0.993122	29
淮安市	0.969222	3.45	0.945853	168	16.28	0.971485	89	99.1	0.990328	39
松原市	0.968709	1.32	0.980697	35	19.94	0.964979	108	96.32	0.960451	75
信阳市	0.968681	2.12	0.96761	82	30.52	0.946171	158	99.28	0.992262	34
枣庄市	0.968639	3.29	0.94847	154	23.15	0.959273	126	99.83	0.998173	16
襄阳市	0.968202	2.54	0.960739	104	14.89	0.973956	83	97.2	0.969909	61
潮州市	0.96786	3.75	0.940946	176	19.99	0.96489	109	99.79	0.997743	18
盘锦市	0.967747	1.23	0.982169	30	11.39	0.980178	54	94.5	0.940892	101

二、城市公共服务水平母系统

1. 城市财政公共投入水平子系统

财政公共投入

城市	分值小结	人均社会保障性支出（元/人）	数值	排名	人均医疗卫生支出（元/人）	数值	排名	人均教育支出（元/人）	数值	排名
拉萨市	0.777282	690.94	0.331846	98	6269.98	1	1	5683.66	1	1
鄂尔多斯市	0.520531	1960.38	0.893506	1	1275.64	0.181649	2	2449.32	0.379946	3
北京市	0.484495	1758.05	0.904264	6	1117.06	0.155665	3	2576.44	0.404316	2
上海市	0.456153	1778.49	0.945008	4	809.5	0.105269	7	2339.68	0.358927	4
大连市	0.412463	1855.9	0.972067	3	572.81	0.066486	25	1645.76	0.225895	12
抚顺市	0.372277	1907.31	0.792133	2	313.95	0.02407	266	1097	0.120693	71
乌海市	0.370192	1565.45	0.88119	9	939	0.126488	4	1468.71	0.191953	21
白山市	0.367233	1734.65	0.622274	7	710.45	0.089039	11	1153.22	0.131471	51
天津市	0.347551	1242.73	0.841088	19	668.32	0.082136	13	2231.8	0.338245	5
本溪市	0.335537	1658.46	0.902575	8	364.87	0.032414	210	1161.76	0.133108	47
伊春市	0.335152	1775.28	0.765222	5	447.35	0.045929	96	764.51	0.056951	212
沈阳市	0.325415	1514.32	0.719083	11	449.29	0.046247	93	1326.95	0.164776	33
呼伦贝尔市	0.322585	1426.66	0.689176	13	648.67	0.078916	15	1352.92	0.169755	28
乌兰察布市	0.301132	1369.84	0.699166	15	738.17	0.093581	10	1096.72	0.120639	72
巴彦淖尔市	0.300866	1388.82	0.072537	14	609.74	0.072537	18	1150.21	0.130894	52

续表

城市	分值小结	单位产值废水排放(吨/万元)	数值	排名	单位产值二氧化硫排放(吨/亿元)	数值	排名	工业固体废物综合利用率(%)	数值	排名
盘锦市	0.298572	1433.69	0.722783	12	405.49	0.03907	138	1165.7	0.133863	45
珠海市	0.290349	1057.4	0.524727	28	473.21	0.050166	74	2012.24	0.296153	8
阜新市	0.290328	1529.41	0.773164	10	381.05	0.035065	181	794.79	0.062756	192
包头市	0.277921	1252.66	0.6275	18	385.82	0.035847	172	1356.37	0.170417	27
营口市	0.276323	1311.68	0.658565	16	495.54	0.053825	55	1075.54	0.116579	76
榆林市	0.253383	667.96	0.31975	107	854.12	0.11258	6	2177.42	0.32782	7
鞍山市	0.252204	1264.51	0.633737	17	349.83	0.02995	235	952.16	0.092926	118
固原市	0.250975	951.81	0.469151	40	594.98	0.070119	22	1581.91	0.213655	16
重庆市	0.250666	1160.53	0.579009	23	492.29	0.053292	57	1091.81	0.119698	73
广州市	0.249537	1038.98	0.515032	29	530.7	0.059586	36	1375.03	0.173994	26
辽源市	0.243243	1188.92	0.593951	22	451.28	0.046573	91	932.76	0.089206	132
辽阳市	0.241428	1218.2	0.609362	20	355.26	0.030839	229	906.03	0.084082	148
张掖市	0.238908	1142.07	0.569292	24	564.32	0.065095	28	896.93	0.082337	151
威海市	0.237264	1003.28	0.496242	35	388.79	0.036333	168	1402.28	0.179218	24
丹东市	0.237054	1192.04	0.595593	21	315.22	0.024279	264	943.63	0.09129	123
石嘴山市	0.236684	993.09	0.490879	36	480.88	0.051423	65	1342.46	0.16775	31
铜川市	0.235926	904.53	0.444266	44	500	0.054556	54	1557.4	0.208956	17
杭州市	0.234756	887.39	0.435245	47	587.66	0.068919	23	1511.22	0.200103	19

第四部分 城市排行榜及部分城市数据

133

续表

城市	分值小结	单位产值废水排放（吨/万元）	数值	排名	单位产值二氧化硫排放（吨/亿元）	数值	排名	工业固体废物综合利用率（%）	数值	排名
铜陵市	0.230897	1031.81	0.511258	31	528.04	0.05915	37	1105.29	0.122282	65
克拉玛依市	0.229676	503.05	0.232952	181	897.87	0.119749	5	2221.8	0.336328	6
武汉市	0.226072	1085.23	0.539375	26	565.07	0.065218	27	851.48	0.073624	166
庆阳市	0.221288	947.49	0.466878	41	566.14	0.065393	26	1153.86	0.131593	50
防城港市	0.218552	1029.61	0.5101	32	515.95	0.057169	47	928.49	0.088388	135
呼和浩特市	0.218211	988.7	0.488568	38	453.98	0.047015	90	1088.43	0.11905	74
宁波市	0.217609	768.62	0.372731	74	618.51	0.073974	16	1542.61	0.206121	18
厦门市	0.216174	757.34	0.366794	79	541.55	0.061364	29	1616.9	0.220363	14
延安市	0.215922	613.95	0.291323	127	707.38	0.088536	12	1864.9	0.267907	11
吉林市	0.215758	1008.15	0.498429	34	523.64	0.058429	41	937.11	0.09004	127
鸡西市	0.214773	1082.56	0.53797	27	401.5	0.038416	143	821.79	0.067932	180
通化市	0.211368	1035.66	0.513285	30	441.59	0.044985	103	863.01	0.075835	163
白城市	0.209604	989.48	0.488978	37	535.7	0.060405	32	881.75	0.079427	158
酒泉市	0.208571	930.61	0.457993	42	602.18	0.071299	19	970.39	0.09642	113
苏州市	0.207363	804.54	0.391638	65	437.87	0.044375	109	1438.06	0.186077	22
赤峰市	0.205629	814.24	0.396743	63	476.04	0.05063	71	1351.66	0.169514	29
锦州市	0.205497	1095.36	0.544707	25	291.6	0.020408	275	735.42	0.051374	221

2. 城市公共项目规模水平子系统

公共项目规模 (1)

城市	分值小结	每万人拥有医院、卫生院床位数（张）	数值	排名	每万人拥有医生数（人）	数值	排名	每万人在校高中以上学生数（人）	数值	排名
嘉峪关市	0.35384	58.03	0.626686	12	33.35	0.2574	12	492.32	0.325714	101
兰州市	0.33372	70.18	0.804839	3	29.67	0.2213	20	1481.3	0.980013	2
攀枝花市	0.323249	59.42	0.647067	8	30.68	0.2312	13	440.07	0.291146	131
太原市	0.31689	65.08	0.730059	4	39.66	0.3194	6	1272.25	0.841708	9
武汉市	0.293209	49.43	0.500587	29	25.33	0.1786	47	1386.49	0.917288	5
济南市	0.287264	45.82	0.447654	48	26.62	0.1913	39	1424.8	0.942634	3
长沙市	0.286524	60.58	0.664076	6	26.94	0.1944	37	1215.49	0.804156	10
南京市	0.286138	36.82	0.315689	122	21.29	0.1389	82	1511.51	1	1
沈阳市	0.274953	59.5	0.64824	7	30.44	0.2288	14	924.05	0.611342	14
乌鲁木齐市	0.270433	76.97	0.904399	2	36.39	0.2873	9	697.96	0.461763	39
深圳市	0.26355	21.33	0.088563	279	21.65	0.1424	78	242.65	0.160535	258
西安市	0.262426	48.17	0.482111	32	25.32	0.1785	48	1404.94	0.929494	4
广州市	0.259004	46.95	0.464223	38	27.95	0.2043	29	1056.29	0.698831	12
北京市	0.258335	43.39	0.412023	61	34.55	0.2692	10	620.04	0.410212	55
昆明市	0.257781	56.63	0.606158	13	29	0.2147	24	1173.66	0.776482	11
珠海市	0.255388	39.92	0.361144	90	29.73	0.2218	19	1004.67	0.66468	13
呼和浩特市	0.253746	39.86	0.360264	92	22.8	0.1537	64	1319.47	0.872948	7

续表

城市	分值小结	每万人拥有医院、卫生院床位数（张）	数值	排名	每万人拥有医生数（人）	数值	排名	每万人在校高中以上学生数（人）	数值	排名
郑州市	0.253429	55.59	0.590909	15	18.07	0.1072	145	1368.65	0.905485	6
西宁市	0.2523	58.7	0.63651	10	70.59	0.6235	2	456.97	0.302327	122
枣庄市	0.248421	33.6	0.268475	159	13.16	0.0590	237	382	0.252727	173
杭州市	0.247498	46.23	0.453666	45	29.5	0.2196	21	914.75	0.60519	17
大连市	0.245883	55.86	0.594868	14	27.09	0.1959	34	834.59	0.552156	26
银川市	0.244348	47.61	0.4739	36	26.96	0.1946	35	841.59	0.556788	24
东营市	0.243493	48.25	0.483284	31	21.27	0.1387	84	865.28	0.572461	22
成都市	0.237468	52.15	0.540469	18	28.35	0.2083	27	920.98	0.609311	16
长春市	0.234946	49.85	0.506745	26	23.43	0.1599	57	921.97	0.609966	15
安阳市	0.232737	83.49	1	1	26.37	0.1888	41	385.7	0.255175	169
威海市	0.225358	61.79	0.681818	5	21.26	0.1386	85	544.33	0.360123	80
南昌市	0.223674	37.41	0.32434	117	20.14	0.1276	110	1288.05	0.852161	8
梅州市	0.220794	27.26	0.175513	242	19.24	0.1187	124	617.2	0.408333	58
鄂尔多斯市	0.219653	33.93	0.273314	154	30.17	0.2262	17	235.97	0.156115	260
上海市	0.217488	44.93	0.434604	53	18.35	0.1100	139	438.47	0.290087	132
大庆市	0.212628	42.59	0.400293	67	29.95	0.2240	18	513.76	0.339899	91
海口市	0.207988	43.72	0.416862	58	27.33	0.1983	31	839.45	0.555372	25
合肥市	0.207661	42.34	0.396628	70	18.64	0.1128	134	855.59	0.56605	23

续表

城市	分值小结	每万人拥有医院、卫生院床位数（张）	数值	排名	每万人拥有医生数（人）	数值	排名	每万人在校高中以上学生数（人）	数值	排名
包头市	0.207455	45.99	0.450147	47	26.96	0.1946	35	518.01	0.34271	88
钦州市	0.206754	30.14	0.217742	206	108.9	1.0000	1	197.38	0.130585	280
铜陵市	0.205937	49.92	0.507771	25	25.76	0.1828	45	700.27	0.463292	38
青岛市	0.202779	40.48	0.369355	85	20.82	0.1343	95	727.64	0.481399	35
烟台市	0.202648	48.04	0.480205	34	22.78	0.1535	65	620.48	0.410503	54
镇江市	0.201928	32.39	0.250733	177	18.14	0.1079	143	658.24	0.435485	41
哈尔滨市	0.19929	46.04	0.45088	46	19.44	0.1207	122	746.02	0.493559	33
石家庄市	0.19276	36.75	0.314663	124	21.36	0.1396	81	892.2	0.590271	19
湘潭市	0.191685	38.98	0.347361	99	20.88	0.1349	92	893.24	0.590959	18
无锡市	0.188651	38.75	0.343988	104	19.07	0.1171	127	475.81	0.314791	110
贵阳市	0.186926	46.67	0.460117	41	25.83	0.1835	44	774.96	0.512706	30
铜川市	0.186308	52.04	0.538856	19	25.73	0.1825	46	352.24	0.233038	186
本溪市	0.186097	58.36	0.631525	11	19.09	0.1173	126	491.02	0.324854	102
厦门市	0.184813	29.43	0.207331	211	23.7	0.1626	55	634.79	0.419971	47
秦皇岛市	0.184612	38.97	0.347214	100	21.85	0.1444	75	634.17	0.419561	48

公共项目规模（2）

城市	人均城市道路面积（平方米）	数值	排名	每百万人剧场、影剧院数（座）	数值	排名	每百人公共图书馆藏书数（册）	数值	排名	每万人拥有公共汽车数（辆）	数值	排名
嘉峪关市	17.79	0.2025	40	47.2	1.0000	1	61.7	0.0636	55	4.52	0.0010	191
兰州市	10.37	0.1180	137	2.8	0.0593	108	142.1	0.1503	17	10.34	0.0023	66
攀枝花市	87.85	1.0000	1	1.6	0.0339	183	55.94	0.0574	67	9.38	0.0021	88
太原市	9.7	0.1104	151	3.5	0.0742	82	132.9	0.1404	21	9.44	0.0021	85
武汉市	15	0.1707	58	6.4	0.1356	21	138.51	0.1464	18	14.49	0.0032	23
济南市	18.2	0.2072	36	2.2	0.0466	147	163.03	0.1729	12	11.94	0.0027	44
长沙市	14.35	0.1633	65	1.1	0.0233	225	145.2	0.1536	16	12.3	0.0027	38
南京市	18.96	0.2158	27	4.7	0.0996	53	216.45	0.2305	7	11.44	0.0025	51
沈阳市	11.99	0.1365	104	6.2	0.1314	26	156.9	0.1662	13	9.9	0.0022	75
乌鲁木齐市	8.85	0.1007	167	0.9	0.0191	243	110.61	0.1163	27	15.32	0.0034	18
深圳市	33.89	0.3858	3	2	0.0424	159	930.16	1.0000	1	110.52	0.0252	2
西安市	9.67	0.1101	156	3.3	0.0699	87	61.97	0.0639	54	13.46	0.0030	29
广州市	14.97	0.1704	59	3.1	0.0657	98	193.42	0.2056	9	17.5	0.0039	8
北京市	7.59	0.0864	197	9.6	0.2034	8	395.1	0.4231	4	17.92	0.0040	6
昆明市	11.93	0.1358	105	1.1	0.0233	225	43.75	0.0442	89	17.02	0.0038	11
珠海市	31.98	0.3640	4	0.6	0.0127	262	151.21	0.1601	14	14.34	0.0032	24
呼和浩特市	13.48	0.1534	82	4.8	0.1017	48	124.3	0.1311	24	13.66	0.0031	28

138

续表

城市	人均城市道路面积（平方米）	数值	排名	每百万人剧场、影剧院数（座）	数值	排名	每百人公共图书馆藏书数（册）	数值	排名	每万人拥有公共汽车数（辆）	数值	排名
郑州市	6.35	0.0723	220	1.6	0.0339	183	60.21	0.0620	62	9.95	0.0022	74
西宁市	6.64	0.0756	211	0.9	0.0191	243	100.99	0.1060	29	14.32	0.0032	25
枣庄市	8.51	0.0969	178	1.6	0.0339	183	28.69	0.0280	142	4376	1.0000	1
杭州市	11.13	0.1267	119	4.9	0.1038	45	206.48	0.2197	8	17.13	0.0038	9
大连市	13.7	0.1559	78	0.8	0.0169	250	189.62	0.2015	10	17.13	0.0038	9
银川市	16.99	0.1934	46	4.9	0.1038	45	173.77	0.1844	11	15.57	0.0035	17
东营市	22.74	0.2589	15	9.7	0.2055	6	43.02	0.0435	93	9.96	0.0022	73
成都市	12.33	0.1404	98	1	0.0212	237	132.32	0.1397	22	13.19	0.0029	32
长春市	16.21	0.1845	52	3	0.0636	102	111.4	0.1172	26	12.26	0.0027	40
安阳市	8.59	0.0978	176	3.3	0.0699	87	17.58	0.0160	224	6.65	0.0014	142
威海市	27.8	0.3164	6	0.7	0.0148	256	60.98	0.0628	59	12.9	0.0029	34
南昌市	11.79	0.1342	108	1.8	0.0381	169	82.6	0.0861	39	14.15	0.0032	27
梅州市	23.44	0.2668	14	26.2	0.5551	2	20.87	0.0196	197	6.88	0.0015	136
鄂尔多斯市	68.21	0.7764	2	2.5	0.0530	122	47.98	0.0488	83	16.81	0.0038	12
上海市	7.36	0.0838	201	3.8	0.0805	75	485.65	0.5207	3	12.28	0.0027	39
大庆市	23.6	0.2686	12	6.5	0.1377	20	108.33	0.1139	28	17.71	0.0040	7
海口市	13.63	0.1552	81	4.8	0.1017	48	27.46	0.0267	150	8.67	0.0019	98

续表

城市	人均城市道路面积（平方米）	数值	排名	每百万人剧场、影剧院数（座）	数值	排名	每百人公共图书馆藏书数（册）	数值	排名	每万人拥有公共汽车数（辆）	数值	排名
合肥市	21.36	0.2431	19	2.8	0.0593	108	69.53	0.0720	47	16.13	0.0036	15
包头市	16.2	0.1844	53	6.3	0.1335	23	136.91	0.1447	19	9.69	0.0021	81
钦州市	5.83	0.0664	240	1	0.0212	237	12.76	0.0108	256	2.82	0.0006	245
铜陵市	10.62	0.1209	129	4.1	0.0869	67	75.12	0.0781	44	8.45	0.0019	102
青岛市	23.84	0.2714	11	4.5	0.0953	62	61.45	0.0633	56	19.56	0.0044	4
烟台市	18.56	0.2113	32	3.4	0.0720	84	84.85	0.0886	37	11	0.0024	56
镇江市	18.45	0.2100	33	15.3	0.3242	3	79.56	0.0829	42	10.53	0.0023	61
哈尔滨市	8.73	0.0994	171	6.8	0.1441	17	80.54	0.0839	40	11.44	0.0025	51
石家庄市	17.07	0.1943	45	2.6	0.0551	119	50.11	0.0511	71	19.24	0.0043	5
湘潭市	13.48	0.1534	82	3.6	0.0763	80	36.41	0.0363	109	11.62	0.0026	49
无锡市	24.35	0.2772	9	7.6	0.1610	15	98.85	0.1037	31	12.87	0.0029	35
贵阳市	6.02	0.0685	233	1.1	0.0233	225	56.55	0.0580	66	10.29	0.0023	67
铜川市	6.04	0.0688	232	9.5	0.2013	9	76.06	0.0791	43	3.08	0.0006	238
本溪市	8.33	0.0948	185	3.2	0.0678	93	62.85	0.0648	53	7.25	0.0016	126
厦门市	17.96	0.2044	37	1.4	0.0297	203	248.62	0.2651	6	20.35	0.0046	3
秦皇岛市	21.11	0.2403	21	5	0.1059	41	32.89	0.0325	123	10.65	0.0024	59

3. 城市社保范围及水平子系统

社会保障范围

城市	分值小结	养老保险参保覆盖率（%）	数值	排名	医疗保险参保覆盖率（%）	数值	排名	失业保险参保覆盖率（%）	数值	排名
珠海市	0.795261	60.19	0.833429	2	64.82	0.552355	13	52.52	1	1
中山市	0.769423	57.16	0.790032	4	77.95	0.671286	8	44.54	0.846951	2
厦门市	0.713327	53.78	0.741621	8	71.83	0.615851	12	41.18	0.782509	4
东莞市	0.706846	58.27	0.80593	3	72.98	0.626268	11	36.27	0.688339	5
北京市	0.690834	53.97	0.744343	7	58.85	0.498279	16	43.65	0.829881	3
深圳市	0.647949	71.82	1	1	48.14	0.401268	24	28.67	0.542578	7
本溪市	0.585265	54.56	0.752793	6	61.87	0.525634	14	25.27	0.477369	14
杭州市	0.546843	48.99	0.673016	9	44.21	0.36567	34	31.76	0.601841	6
固原市	0.541563	41.17	0.561014	13	114.24	1	1	3.7	0.063675	252
石嘴山市	0.538676	42.3	0.577199	11	89.18	0.773007	5	14.24	0.265823	49
宁波市	0.537167	56.95	0.787024	5	39.98	0.327355	44	26.3	0.497123	12
盘锦市	0.530771	41.05	0.559295	14	74.86	0.643297	9	20.7	0.38972	20
广州市	0.53006	41.94	0.572042	12	56.85	0.480163	17	28.43	0.537975	8
佛山市	0.512583	40.06	0.545116	17	61.17	0.519293	15	25.06	0.473341	15
乌海市	0.483058	27.37	0.363363	40	83.42	0.720833	7	19.41	0.364979	23
大连市	0.481298	29.28	0.390719	34	73.74	0.633152	10	22.28	0.420023	18
抚顺市	0.463884	40.92	0.557433	16	47.09	0.391757	29	23.45	0.442463	17

续表

城市	分值小结	养老保险参保覆盖率（%）	数值	排名	医疗保险参保覆盖率（%）	数值	排名	失业保险参保覆盖率（%）	数值	排名
江门市	0.460974	29.46	0.393297	33	84.51	0.730707	6	13.88	0.258918	52
苏州市	0.446796	36.3	0.491263	21	41.6	0.342029	41	26.82	0.507096	10
上海市	0.445204	38.45	0.522057	18	39.96	0.327174	46	25.74	0.486383	13
沈阳市	0.433781	42.62	0.581782	10	47.03	0.391214	30	17.5	0.328347	33
无锡市	0.424215	33.04	0.444572	26	40.25	0.329801	43	26.36	0.498274	11
攀枝花市	0.422431	36.35	0.491979	20	52.55	0.441214	18	17.8	0.3341	30
清远市	0.421835	15.84	0.198224	100	105.83	0.923822	2	7.86	0.14346	128
南京市	0.40262	29.08	0.387854	36	38.11	0.310417	49	26.95	0.50959	9
惠州市	0.385621	41	0.558579	15	29.11	0.228895	83	19.64	0.36939	22
克拉玛依市	0.376952	34.25	0.461902	22	28.76	0.225725	85	23.49	0.44323	16
太原市	0.372653	28.13	0.374248	38	52.11	0.437228	20	16.36	0.306483	38
嘉兴市	0.371756	36.9	0.499857	19	32.25	0.257337	69	19.05	0.358074	27
天津市	0.365956	33.86	0.456316	23	35.03	0.282518	56	19.1	0.359033	26
嘉峪关市	0.354965	33.31	0.448439	24	32.81	0.262409	67	18.84	0.354047	28
西安市	0.352515	27.53	0.365655	39	47.49	0.39538	27	15.84	0.296509	42
武汉市	0.343372	33.26	0.447723	25	37.9	0.308514	50	14.66	0.273878	47
成都市	0.342472	31.45	0.421799	28	33.9	0.272283	60	17.76	0.333333	31
青岛市	0.336638	32.51	0.436981	27	30.44	0.240942	74	17.69	0.331991	32

续表

城市	分值小结	养老保险参保覆盖率（%）	数值	排名	医疗保险参保覆盖率（%）	数值	排名	失业保险参保覆盖率（%）	数值	排名
中卫市	0.333257	8.95	0.099542	215	95.37	0.829076	4	4.09	0.071155	243
揭阳市	0.332705	10.09	0.115869	194	95.65	0.831612	3	3.02	0.050633	268
绍兴市	0.329223	31.41	0.421226	29	28.58	0.224094	86	18.23	0.342348	29
辽阳市	0.327744	30.03	0.401461	31	43.76	0.361594	36	11.86	0.220176	65
丹东市	0.318323	30.44	0.407333	30	41.41	0.340308	42	11.19	0.207326	76
铜陵市	0.3143	22.47	0.293182	60	35.36	0.285507	55	19.37	0.364212	24
威海市	0.313851	29.61	0.395445	32	30.21	0.238859	77	16.4	0.30725	37
常州市	0.312303	24.46	0.321684	46	32.06	0.255616	71	19.13	0.359609	25
长春市	0.309501	21.99	0.286308	64	52.4	0.439855	19	10.93	0.20234	80
鞍山市	0.308236	26.04	0.344314	42	32.28	0.257609	68	17.21	0.322785	34
济南市	0.307636	23.93	0.314093	48	39.97	0.327264	45	15.06	0.28155	45
乌鲁木齐市	0.306619	22.67	0.296047	57	29.98	0.236775	78	20.56	0.387035	21
三亚市	0.305504	22.34	0.291321	62	26.66	0.206703	98	22.2	0.418489	19
淄博市	0.304651	21.65	0.281438	69	43.01	0.354801	38	14.86	0.277714	46
舟山市	0.30364	29.17	0.389144	35	28.54	0.223732	88	15.92	0.298044	41

第四部分　城市排行榜及部分城市数据

三、城市居民实际享有水平母系统

1. 城市居民收入水平子系统

收入水平

城市	分值小结	城镇居民人均可支配收入(元)	数值	排名	农村居民人均纯收入(元)	数值	排名	城乡居民收入比	数值	排名	人均年末储蓄余额(元/人)	数值	排名
深圳市	0.841679	36505	0.89446	2	36505	1	1	1	1	1	70962.45	0.472256	6
北京市	0.605171	32903	0.768078	9	14736	0.357543	16	2.23	0.661157	79	93709.68	0.633904	3
上海市	0.60428	36230	0.884811	3	15644	0.384341	11	2.32	0.636364	95	76499.34	0.511603	5
东莞市	0.598917	39513	1	1	22842	0.596771	2	1.73	0.798898	13	4506.262	0	286
广州市	0.586342	34438	0.821936	5	14818	0.359963	15	2.32	0.636364	95	78681.04	0.527107	4
苏州市	0.57302	34617	0.828217	4	17226	0.431029	4	2.01	0.721763	37	48280.19	0.31107	17
宁波市	0.560692	34321	0.817831	6	16518	0.410135	8	2.08	0.702479	50	48456.76	0.312325	16
杭州市	0.557431	32434	0.751623	10	15245	0.372565	13	2.13	0.688705	59	63162.83	0.41683	10
无锡市	0.552991	31638	0.723694	12	16438	0.407774	9	1.92	0.746556	25	51498.5	0.33394	13
中山市	0.543459	27700	0.585523	28	17182	0.429731	5	1.61	0.831956	8	50469.27	0.326626	14
绍兴市	0.539399	33273	0.78106	8	15861	0.390745	10	2.1	0.69697	54	45149.37	0.288821	21
嘉兴市	0.538247	31520	0.719554	13	16707	0.415712	6	1.89	0.754821	21	41501.9	0.262901	28
舟山市	0.530325	30496	0.683625	16	16608	0.412791	7	1.84	0.768595	18	40571.45	0.256289	31
佛山市	0.52941	30718	0.691414	15	13862	0.331749	18	2.22	0.663912	78	65095.52	0.430564	9
常州市	0.509063	29559	0.650749	20	14838	0.360554	14	1.99	0.727273	35	46395.43	0.297676	19

续表

城市	分值小结	城镇居民人均可支配收入（元）	数值	排名	农村居民人均纯收入（元）	数值	排名	城乡居民收入比	数值	排名	人均年末储蓄余额（元/人）	数值	排名
大连市	0.505827	24276	0.465387	42	14213	0.342108	17	1.71	0.804408	11	62399.48	0.411405	11
克拉玛依市	0.503358	19768	0.307217	101	19768	0.50605	3	1	1	1	32673.41	0.200164	60
湖州市	0.49296	29367	0.644012	21	15381	0.376579	12	1.91	0.749311	23	32923.06	0.201938	59
珠海市	0.492729	28731	0.621697	25	11858	0.272607	29	2.42	0.608815	119	70335.11	0.467798	7
南京市	0.486887	31100	0.704817	14	13108	0.309497	21	2.37	0.62259	105	48220.54	0.310646	18
温州市	0.47514	31749	0.727589	11	13243	0.313481	20	2.4	0.614325	114	39005.9	0.245164	35
厦门市	0.460543	33565	0.791306	7	11928	0.274672	26	2.81	0.501377	198	43178.44	0.274815	24
台州市	0.45989	30490	0.683415	17	13108	0.309497	21	2.33	0.633609	98	34485.56	0.213041	54
长沙市	0.45346	26451	0.5417	35	13401	0.318144	19	1.97	0.732782	28	35635.78	0.221215	47
金华市	0.447491	29729	0.656714	18	11877	0.273167	28	2.5	0.586777	137	42965.96	0.273305	25
天津市	0.444553	26921	0.558191	31	11891	0.27358	27	2.26	0.652893	83	45814.48	0.293548	20
镇江市	0.442813	26637	0.548226	32	12825	0.301145	23	2.08	0.702479	50	35380.54	0.219401	50
青岛市	0.442298	28567	0.615943	27	12370	0.287717	24	2.31	0.639118	94	36367.37	0.226414	43
沈阳市	0.437503	23326	0.432055	50	11575	0.264255	32	2.02	0.719008	39	51604.69	0.334695	12
威海市	0.433497	25290	0.500965	38	12334	0.286654	25	2.05	0.710744	46	37663.39	0.235624	38
南通市	0.428605	25094	0.494088	39	11730	0.268829	30	2.14	0.68595	63	41875.09	0.265553	27
盘锦市	0.42487	24266	0.465036	43	11437	0.260182	33	2.12	0.69146	57	44302.22	0.282801	22

续表

城市	分值小结	城镇居民人均可支配收入（元）	数值	排名	农村居民人均纯收入（元）	数值	排名	城乡居民收入比	数值	排名	人均年末储蓄余额（元/人）	数值	排名
烟台市	0.418109	26542	0.544893	34	11716	0.268416	31	2.27	0.650138	86	33915.62	0.208991	57
西安市	0.399263	25981	0.52521	37	9788	0.211516	58	2.65	0.545455	174	48815.34	0.314873	15
乌海市	0.399206	22349	0.397776	62	10786	0.240969	41	2.07	0.705234	48	40086.88	0.252846	33
郑州市	0.399047	22477	0.402267	59	11050	0.24876	37	2.03	0.716253	43	36718.36	0.228908	42
太原市	0.397348	20149	0.320585	92	8888	0.184955	81	2.27	0.650138	86	65538.81	0.433714	8
济南市	0.397051	28892	0.627346	23	10412	0.229932	46	2.77	0.512397	192	35257.58	0.218527	51
鞍山市	0.395011	21297	0.360865	69	11146	0.251594	36	1.91	0.749311	23	35222.22	0.218276	52
鄂尔多斯市	0.394891	29283	0.641065	22	10047	0.219159	50	2.91	0.473829	214	39054.53	0.24551	34
扬州市	0.394337	22835	0.414828	52	11217	0.253689	34	2.04	0.713499	45	31993.42	0.195331	63
淄博市	0.392412	24955	0.489211	40	10878	0.243684	40	2.29	0.64628	88	31542.39	0.192126	67
东营市	0.389013	27343	0.572997	29	10025	0.21851	53	2.73	0.523416	187	38438.14	0.241129	36
呼和浩特市	0.38823	28877	0.62682	24	10038	0.218894	51	2.88	0.482094	210	36184.07	0.225111	44
惠州市	0.386706	26609	0.547244	33	10938	0.245455	39	2.43	0.606061	123	25341.86	0.148064	88
泰州市	0.386257	23597	0.441563	47	11046	0.248642	38	2.14	0.68595	63	28270.02	0.168872	82
成都市	0.384697	23048	0.422301	51	9895	0.214674	55	2.33	0.633609	98	42248.38	0.268206	26
福州市	0.383258	26050	0.527631	36	10107	0.22093	48	2.58	0.564738	159	35427.37	0.219734	49
泉州市	0.382465	28703	0.620715	26	10578	0.234831	43	2.71	0.528926	181	24965.5	0.145389	91
包头市	0.381868	29628	0.65317	19	10059	0.219514	49	2.95	0.46281	217	31521.86	0.19198	68

2. 城市居民生活环境水平子系统

生活环境

城市	分值小结	排序	人均园林绿地面积(公顷/千人)	数值	排名	生活垃圾无害化处理率(%)	数值	排名	生活污水处理率(%)	数值	排名	空气质量达标率(%)	数值	排名
深圳市	0.946528	1	9.205312	0.904614	5	95	0.95	127	93.97	0.9397	30	99.18	0.9918	54
石嘴山市	0.906233	2	10.00586	0.983371	2	98	0.98	104	77.936	0.77936	168	88.22	0.8822	234
黄山市	0.88269	3	9.26983	0.910961	4	69.55	0.6955	213	92.43	0.9243	45	100	1	1
大庆市	0.872994	4	7.233999	0.710677	7	87	0.87	173	92.23	0.9223	48	98.9	0.989	62
随州市	0.847685	5	6.635945	0.651841	8	91	0.91	151	87	0.87	93	95.89	0.9589	127
铜陵市	0.842382	6	6.456908	0.634228	9	100	1	1	74.08	0.7408	185	99.45	0.9945	40
厦门市	0.836704	7	4.73795	0.465118	13	98.32	0.9832	101	90.4	0.904	63	99.45	0.9945	40
克拉玛依市	0.831889	8	4.516768	0.443358	14	97.08	0.9708	115	92.16	0.9216	51	99.18	0.9918	54
南京市	0.829124	9	9.961401	0.978997	3	87.4	0.874	168	59.5	0.595	244	86.85	0.8685	247
新余市	0.815188	10	2.974717	0.291652	28	100	1	1	97.73	0.9773	7	99.18	0.9918	54
珠海市	0.812924	11	3.90625	0.383296	20	100	1	1	86.84	0.8684	97	100	1	1
鄂尔多斯市	0.802756	12	4.154577	0.407726	17	93.65	0.9365	141	92.43	0.9243	45	94.25	0.9425	157
南宁市	0.799363	13	5.361416	0.526454	11	78.02	0.7802	201	92.92	0.9292	40	96.16	0.9616	121
东营市	0.791312	14	2.826277	0.277049	29	100	1	1	92.11	0.9211	52	96.71	0.9671	111
上海市	0.787942	15	5.209073	0.511466	12	87.6	0.876	167	84.1	0.841	127	92.33	0.9233	180
淄博市	0.786853	16	3.40935	0.334411	24	100	1	1	93.08	0.9308	36	88.22	0.8822	234

续表

城市	排序	分值小结	人均园林绿地面积（公顷/千人）	数值	排名	生活垃圾无害化处理率（%）	数值	排名	生活污水处理率（%）	数值	排名	空气质量达标率（%）	数值	排名
沈阳市	17	0.780268	3.692542	0.362271	22	100	1	1	85.2	0.852	117	90.68	0.9068	203
十堰市	18	0.778052	3.733572	0.366308	21	99.7	0.997	87	80.1	0.801	158	94.79	0.9479	147
威海市	19	0.774983	2.120671	0.207631	43	100	1	1	93.89	0.9389	32	95.34	0.9534	138
海口市	20	0.773868	1.751073	0.171271	54	96.32	0.9632	120	96.1	0.961	18	100	1	1
银川市	21	0.773474	2.669201	0.261595	32	100	1	1	92	0.92	54	91.23	0.9123	194
青岛市	22	0.770623	2.048096	0.200492	45	100	1	1	96.69	0.9669	16	91.51	0.9151	189
大连市	23	0.766863	3.095667	0.303551	26	85.7	0.857	178	93.7	0.937	34	96.99	0.9699	106
莱芜市	24	0.764619	2.266462	0.221974	39	100	1	1	91.32	0.9132	60	92.33	0.9233	180
福州市	25	0.764566	1.195	0.116565	106	99.94	0.9994	85	95.6	0.956	20	98.63	0.9863	70
秦皇岛市	26	0.764059	1.647039	0.161036	67	100	1	1	92.53	0.9253	43	96.99	0.9699	106
无锡市	27	0.76391	2.733675	0.267938	31	98.81	0.9881	96	84.8	0.848	123	93.97	0.9397	163
梧州市	28	0.763507	0.680303	0.065929	163	100	1	1	100	1	1	100	1	1
南昌市	29	0.761949	1.73708	0.169894	55	98.81	1	1	93	0.93	38	94.79	0.9479	147
伊春市	30	0.758132	3.908616	0.383528	19	81	0.81	195	85	0.85	120	98.9	0.989	62
朔州市	31	0.757078	0.994206	0.096811	123	100	1	1	97.53	0.9753	9	95.62	0.9562	128
玉林市	32	0.756986	0.445648	0.042844	223	100	1	1	99.06	0.9906	5	99.45	0.9945	40
杭州市	33	0.756598	1.819409	0.177994	50	100	1	1	93.61	0.9361	35	91.23	0.9123	194

续表

城市	分值小结	排序	人均园林绿地面积(公顷/千人)	数值	排名	生活垃圾无害化处理率(%)	数值	排名	生活污水处理率(%)	数值	排名	空气质量达标率(%)	数值	排名
昆明市	0.756521	34	1.839655	0.179985	49	85	0.85	184	99.61	0.9961	4	100	1	1
佛山市	0.756257	35	1.155995	0.112727	110	95.7	0.957	125	97.72	0.9772	8	97.81	0.9781	88
宜春市	0.755857	36	0.401797	0.03853	236	100	1	1	98.49	0.9849	6	100	1	1
景德镇市	0.753845	37	2.597874	0.254578	33	99.58	0.9958	89	76.5	0.765	176	100	1	1
淮北市	0.753589	38	1.892199	0.185154	48	100	1	1	87.3	0.873	88	95.62	0.9562	128
三亚市	0.752528	39	1.973088	0.193112	47	100	1	1	81.7	0.817	145	100	1	1
贵阳市	0.752127	40	1.560364	0.152509	77	94.68	0.9468	131	95.3	0.953	24	95.62	0.9562	128
辽阳市	0.751615	41	2.097588	0.205361	44	100	1	1	83.4	0.834	131	96.71	0.9671	111
长沙市	0.751043	42	1.295727	0.126474	98	100	1	1	94.35	0.9435	27	93.42	0.9342	168
本溪市	0.750262	43	3.191186	0.312948	25	84.97	0.8497	187	88.22	0.8822	80	95.62	0.9562	128
烟台市	0.749236	44	1.56379	0.152846	75	95.73	0.9573	124	92.52	0.9252	44	96.16	0.9616	121
韶关市	0.746463	45	1.238596	0.120854	102	100	1	1	87.6	0.876	83	98.9	0.989	62
马鞍山市	0.745574	46	2.3734	0.232495	36	94.63	0.9463	133	88.3	0.883	78	92.05	0.9205	183
广安市	0.745387	47	0.36947	0.035349	247	100	1	1	95.44	0.9544	23	99.18	0.9918	54
呼和浩特市	0.743971	48	0.927885	0.090286	130	97.99	0.9799	107	95.5	0.955	21	95.07	0.9507	143
吉林市	0.743882	49	1.502619	0.146828	82	93.9	0.939	139	93.9	0.939	31	95.07	0.9507	143
鄂州市	0.742309	50	1.542341	0.150736	78	100	1	1	87.6	0.876	83	94.25	0.9425	157

3. 城市居民就业水平子系统

就业水平

城市	分值小结	城镇登记失业率（%）	数值	排名
拉萨市	1	0.05	1	1
阜阳市	0.991124	0.14	0.991124	2
东莞市	0.987179	0.18	0.987179	3
信阳市	0.986193	0.19	0.986193	4
亳州市	0.981262	0.24	0.981262	5
黑河市	0.980276	0.25	0.980276	6
临沂市	0.977318	0.28	0.977318	7
驻马店市	0.977318	0.28	0.977318	7
泉州市	0.976331	0.29	0.976331	9
三门峡市	0.974359	0.31	0.974359	10
焦作市	0.973373	0.32	0.973373	11
上饶市	0.972387	0.33	0.972387	12
漯河市	0.972387	0.33	0.972387	12
漳州市	0.9714	0.34	0.9714	14
崇左市	0.9714	0.34	0.9714	14
中卫市	0.9714	0.34	0.9714	14
宿州市	0.969428	0.36	0.969428	17
宿迁市	0.968442	0.37	0.968442	18
莆田市	0.968442	0.37	0.968442	18
随州市	0.968442	0.37	0.968442	18
来宾市	0.968442	0.37	0.968442	18
德州市	0.967456	0.38	0.967456	22
揭阳市	0.967456	0.38	0.967456	22
贵港市	0.967456	0.38	0.967456	22
滁州市	0.966469	0.39	0.966469	25
钦州市	0.966469	0.39	0.966469	25
铜川市	0.965483	0.4	0.965483	27
陇南市	0.965483	0.4	0.965483	27
菏泽市	0.964497	0.41	0.964497	29
渭南市	0.964497	0.41	0.964497	29
运城市	0.963511	0.42	0.963511	31

续表

城市	分值小结	城镇登记失业率（%）	数值	排名
六安市	0.963511	0.42	0.963511	31
玉溪市	0.963511	0.42	0.963511	31
晋城市	0.962525	0.43	0.962525	34
深圳市	0.962525	0.43	0.962525	34
贺州市	0.962525	0.43	0.962525	34
定西市	0.962525	0.43	0.962525	34
宣城市	0.961538	0.44	0.961538	38
周口市	0.961538	0.44	0.961538	38
中山市	0.961538	0.44	0.961538	38
云浮市	0.961538	0.44	0.961538	38
郑州市	0.960552	0.45	0.960552	42
百色市	0.960552	0.45	0.960552	42
温州市	0.959566	0.46	0.959566	44
威海市	0.959566	0.46	0.959566	44
七台河市	0.95858	0.47	0.95858	46
玉林市	0.95858	0.47	0.95858	46
廊坊市	0.957594	0.48	0.957594	48
昭通市	0.957594	0.48	0.957594	48
连云港市	0.956607	0.49	0.956607	50

4. 城市居民消费水平子系统

消费水平

城市	分值小结	城镇居民恩格尔系数（%）	数值	排名	人均住宅建筑面积（平方米）	数值	排名	人均社会消费品零售额（亿元）	数值	排名
威海市	0.678995	32.03	0.677016	48	42.8	0.650456	27	29728.31	0.709513	14
包头市	0.670903	30.39	0.747736	17	33	0.50152	144	31843.3	0.763452	9
鄂尔多斯市	0.670244	26.38	0.920655	3	38	0.577508	60	22006	0.512569	34
北京市	0.6579	31.41	0.703752	35	29.4	0.446809	203	34183.69	0.82314	3
呼和浩特市	0.645944	30.63	0.737387	20	30.9	0.469605	174	30564.56	0.73084	12
广州市	0.641631	34	0.592066	69	21.9	0.332827	269	41118.5	1	1
金华市	0.638618	30.73	0.733075	21	47.1	0.715805	14	20218.16	0.466973	41
淄博市	0.638207	29.73	0.776197	13	34.4	0.522796	123	26046.97	0.615627	23
东莞市	0.636251	34.6	0.566192	80	65.8	1	1	15339.92	0.342562	69
沈阳市	0.63282	32.34	0.663648	49	28.1	0.427052	226	33580.6	0.807759	5
无锡市	0.62923	35.28	0.536869	99	36.2	0.550152	84	33302.55	0.800668	6
济南市	0.628605	31.71	0.690815	43	30.3	0.460486	187	30708.64	0.734515	11
东营市	0.625706	29.14	0.801639	12	36.7	0.557751	76	22208.27	0.517727	31
佛山市	0.607043	33.7	0.605002	64	38.4	0.583587	56	26710.14	0.63254	19
南京市	0.603565	35.49	0.527814	105	31.8	0.483283	164	33260.57	0.799597	7
珠海市	0.602681	36.7	0.475636	128	30.1	0.457447	192	36215.56	0.874959	2
长沙市	0.59768	35.93	0.50884	112	35.6	0.541033	95	31047.95	0.743168	10

续表

城市	分值小结	城镇居民恩格尔系数（%）	数值	排名	人均住宅建筑面积（平方米）	数值	排名	人均社会消费品零售额（亿元）	数值	排名
苏州市	0.591253	34.1	0.587753	72	36.1	0.548632	86	26899.71	0.637374	18
常州市	0.587944	34.46	0.572229	76	37	0.56231	71	26582.8	0.629292	20
深圳市	0.56991	36.68	0.476498	127	27.9	0.424012	227	33637.81	0.809218	4
晋中市	0.562837	24.54	1	1	31.3	0.475684	169	10252.91	0.212826	142
滨州市	0.560861	28.86	0.813713	11	36.8	0.559271	74	14047.47	0.3096	86
杭州市	0.560261	36.82	0.470461	130	33.9	0.515198	134	29164.11	0.695124	15
宁波市	0.55635	35.99	0.506253	114	35.3	0.536474	102	26466.44	0.626324	21
西安市	0.554711	31.29	0.708926	30	27.3	0.414894	236	23093.86	0.540313	29
大连市	0.55341	36.96	0.464424	134	27	0.410334	241	32706.71	0.785472	8
三门峡市	0.550637	27.12	0.888745	5	35.5	0.539514	99	10677.38	0.223652	135
临汾市	0.548773	25.85	0.94351	2	35	0.531915	108	8608.746	0.170895	184
台州市	0.546211	34.92	0.552393	92	43	0.653495	21	18875.98	0.432743	48
太原市	0.542603	32.69	0.648555	54	28.6	0.43465	216	23262.1	0.544603	28
长春市	0.541187	30.87	0.727038	24	28.8	0.43769	214	19899.05	0.458835	42
烟台市	0.539428	33.66	0.606727	63	29.9	0.454407	195	23754.01	0.557149	27
潍坊市	0.53893	30.62	0.737818	19	34.9	0.530395	110	15575.75	0.348576	67
大庆市	0.537423	33.32	0.621389	59	28.3	0.430091	222	23896.77	0.560789	26
运城市	0.535465	26.98	0.894782	4	36.1	0.548632	86	8298.432	0.162981	189

续表

城市	分值小组	城镇居民恩格尔系数（%）	数值	排名	人均住宅建筑面积（平方米）	数值	排名	人均社会消费品零售售额（亿元）	数值	排名
嘉兴市	0.534278	34.36	0.576542	75	35.6	0.541033	95	20935.11	0.485258	37
乌海市	0.533026	30	0.764554	15	31.4	0.477204	167	15918.67	0.357322	66
吉林市	0.530721	31.33	0.707201	33	30.3	0.460486	187	18551.85	0.424476	50
日照市	0.528525	30.44	0.74558	18	36.6	0.556231	78	13034.41	0.283764	100
福州市	0.526693	37.66	0.434239	147	33.2	0.504559	140	27052.92	0.641282	17
温州市	0.525408	36.25	0.495041	121	41.9	0.636778	29	19333.26	0.444405	46
南通市	0.523917	36.19	0.497628	118	39.5	0.600304	43	20486.62	0.47382	38
武汉市	0.521921	39.57	0.351876	191	32.3	0.490881	157	30257.39	0.723006	13
盘锦市	0.521811	30.87	0.727038	24	30.5	0.463526	183	16606.71	0.374869	61
临沂市	0.520414	31.33	0.707201	33	36.5	0.554711	80	13644.73	0.299329	89
松原市	0.520368	28.84	0.814575	10	30	0.455927	194	13302.53	0.290602	96
焦作市	0.519153	31.11	0.716688	28	40.4	0.613982	34	10800.4	0.226789	133
绍兴市	0.517746	35.02	0.548081	94	35.1	0.533435	106	20404.34	0.471721	40
厦门市	0.514759	35.39	0.532126	102	32.6	0.495441	151	22168.42	0.516711	32
晋城市	0.514383	28.28	0.838724	6	32.5	0.493921	154	10161.85	0.210504	143

四、E&G 综合体系

母系统	E&G 综合指数		定量分析系统					
	分值合计	排序	经济发展水平系统		公共服务水平系统		居民实际享有水平系统	
城市			分值	排序	分值	排序	分值	排序
深圳市	0.746799	1	0.76349	3	0.370027	6	1.106881	1
北京市	0.702071	2	0.657082	18	0.477888	1	0.971245	2
珠海市	0.698419	3	0.712014	11	0.447	2	0.936243	8
鄂尔多斯市	0.681315	4	0.815795	1	0.300458	21	0.927693	11
大连市	0.665693	5	0.732693	9	0.379881	3	0.884505	24
中山市	0.661598	6	0.725194	10	0.352709	8	0.906892	14
上海市	0.656016	7	0.740051	8	0.372949	4	0.855048	36
苏州市	0.655953	8	0.76004	4	0.274657	27	0.933161	9
广州市	0.65498	9	0.758442	5	0.346201	9	0.860296	34
无锡市	0.651964	10	0.742709	7	0.26993	28	0.943253	6
东莞市	0.651852	11	0.676204	16	0.320866	16	0.958484	3
佛山市	0.65013	12	0.75047	6	0.250477	35	0.949444	4
杭州市	0.647858	13	0.663485	17	0.343032	11	0.937058	7
沈阳市	0.635927	14	0.679929	15	0.344716	10	0.883136	26
东营市	0.63006	15	0.785528	2	0.193306	74	0.911346	12

续表

母系统	E&G 综合指数		定量分析系统						
			经济发展水平系统		公共服务水平系统		居民实际享有水平系统	
厦门市	0.628696	16	0.610189	30	0.371438	5	0.904462	17
宁波市	0.625428	17	0.680722	14	0.301717	20	0.893846	22
威海市	0.620815	18	0.654607	19	0.258824	31	0.949014	5
南京市	0.61737	19	0.637194	24	0.285445	26	0.929471	10
克拉玛依市	0.615356	20	0.684875	13	0.257259	32	0.903933	18
包头市	0.596167	21	0.702477	12	0.249839	37	0.836186	43
盘锦市	0.59186	22	0.606665	33	0.33444	13	0.834473	45
常州市	0.589705	23	0.641986	23	0.222624	51	0.904506	16
长沙市	0.584214	24	0.635423	25	0.221949	53	0.895271	21
大庆市	0.581166	25	0.635079	26	0.203291	66	0.905129	15
天津市	0.580998	26	0.649522	20	0.292649	23	0.800823	73
淄博市	0.579788	27	0.614411	29	0.214723	59	0.910229	13
青岛市	0.579675	28	0.645251	21	0.228481	48	0.865291	31
嘉兴市	0.574031	29	0.600214	36	0.22228	52	0.899598	20
绍兴市	0.57346	30	0.631695	27	0.202027	67	0.886659	23
武汉市	0.564576	31	0.605426	34	0.287551	24	0.80075	74
烟台市	0.564438	32	0.608581	31	0.217649	58	0.867084	30

续表

母系统	E&G 综合指数		定量分析系统						
			经济发展水平系统		公共服务水平系统		居民实际享有水平系统	
乌海市	0.55766	33	0.543015	50	0.340813	12	0.789153	86
舟山市	0.556095	34	0.572094	43	0.21332	61	0.882872	27
镇江市	0.555526	35	0.621604	28	0.190697	78	0.854276	37
金华市	0.546828	36	0.586735	38	0.151545	125	0.902204	19
乌鲁木齐市	0.543015	37	0.644122	22	0.246671	39	0.738251	160
呼和浩特市	0.542765	38	0.526299	65	0.239065	43	0.862932	32
太原市	0.540327	39	0.528469	60	0.286277	25	0.806237	66
湖州市	0.536861	40	0.555702	46	0.176485	92	0.878395	28
南通市	0.533382	41	0.58276	40	0.154501	117	0.862884	33
莱芜市	0.529158	42	0.551356	48	0.186354	81	0.849763	39
西安市	0.529033	43	0.521877	70	0.256486	33	0.808735	59
本溪市	0.527895	44	0.514277	74	0.368966	7	0.700443	213
长春市	0.52768	45	0.540105	52	0.246255	40	0.79668	77
扬州市	0.526439	46	0.596539	37	0.156307	113	0.82647	49
台州市	0.52633	47	0.553329	47	0.142	145	0.88366	25
辽阳市	0.525791	48	0.538264	54	0.242106	41	0.797004	76
成都市	0.524364	49	0.515412	73	0.22177	54	0.835909	44
嘉峪关市	0.524137	50	0.579158	41	0.296763	22	0.696491	221

第五节 全部城市排名分布区域

一、西南地区城市排名分布表

重庆市

城市	总排名
重庆	70

贵州省

城市	总排名
贵阳市	143
六盘水市	274
遵义市	234
安顺市	273

四川省

城市	总排名
成都市	49
自贡市	159
攀枝花市	86
泸州市	244
德阳市	137
绵阳市	153
广元市	195
遂宁市	213
内江市	218
乐山市	181
南充市	233
眉山市	182
宜宾市	202
广安市	198
达州市	255
雅安市	245
巴中市	209
资阳市	188

西藏自治区

城市	总排名
拉萨市	162

云南省

城市	总排名
昆明市	77
曲靖市	253
玉溪市	142
保山市	278
昭通市	283
丽江市	235
普洱市	265
临沧市	282

二、西北地区城市排名分布表

陕西省

城市	总排名
西安市	43
铜川市	107
宝鸡市	192
咸阳市	197
渭南市	229
延安市	98
汉中市	260
榆林市	76
安康市	271
商洛市	269

甘肃省

城市	总排名
兰州市	135
嘉峪关市	50
金昌市	187
白银市	277
天水市	266
武威市	268
张掖市	236
平凉市	280
酒泉市	138
庆阳市	264
定西市	281
陇南市	286

青海省

城市	总排名
西宁市	169

宁夏回族自治区

城市	总排名
银川市	83
石嘴山市	58
吴忠市	247
固原市	222
中卫市	224

新疆维吾尔自治区

城市	总排名
乌鲁木齐市	37
克拉玛依市	20

三、华南地区城市排名分布表

福建省

城市	总排名
福州市	55
厦门市	16
莆田市	116
三明市	100
泉州市	61
漳州市	165
南平市	154
龙岩市	71
宁德市	124

广东省

城市	总排名
广州市	9
韶关市	128
深圳市	1
珠海市	3
汕头市	144
佛山市	12
江门市	65
湛江市	186
茂名市	131
肇庆市	125
惠州市	63
梅州市	158
汕尾市	190
河源市	147
阳江市	151
清远市	205
东莞市	11
中山市	6
潮州市	150
揭阳市	191
云浮市	214

广西壮族自治区

城市	总排名
南宁市	78
柳州市	219
桂林市	183
梧州市	223
北海市	279
防城港市	174
钦州市	228
贵港市	230
玉林市	240
百色市	285
贺州市	257
河池市	284
来宾市	259
崇左市	270

海南省

城市	总排名
海口市	74
三亚市	75

四、华北地区城市排名分布表

北京市

城市	总排名
北京市	2

天津市

城市	总排名
天津市	26

河北省

城市	总排名
石家庄市	82
唐山市	57
秦皇岛市	117
邯郸市	164
邢台市	196
保定市	185
张家口市	239
承德市	242
沧州市	120
廊坊市	72
衡水市	231

山西省

城市	总排名
太原市	39
大同市	251
阳泉市	126
长治市	146
晋城市	93
朔州市	121
晋中市	108
运城市	166
忻州市	237
临汾市	161
吕梁市	210

内蒙古自治区

城市	总排名
呼和浩特市	38
包头市	21
乌海市	33
赤峰市	221
通辽市	140
鄂尔多斯市	4
呼伦贝尔市	66
巴彦淖尔市	130
乌兰察布市	193

五、华中地区城市排名分布表

河南省

城市	总排名
郑州市	52
开封市	227
洛阳市	132
平顶山市	139
安阳市	102
鹤壁市	127
新乡市	145
焦作市	96
濮阳市	178
许昌市	122
漯河市	129
三门峡市	94
南阳市	199
商丘市	201
信阳市	220
周口市	184
驻马店市	189

湖北省

城市	总排名
武汉市	31
黄石市	156
十堰市	180
宜昌市	106
襄阳市	152
鄂州市	141
荆门市	171
孝感市	249
荆州市	254
黄冈市	211
咸宁市	232
随州市	149

湖南省

城市	总排名
长沙市	24
株洲市	56
湘潭市	119
衡阳市	177
邵阳市	248
岳阳市	109
常德市	155
张家界市	258
益阳市	216
郴州市	206
永州市	246
怀化市	272
娄底市	256

安徽省

城市	总排名
合肥市	123
芜湖市	91
蚌埠市	168
淮南市	208
马鞍山市	101
淮北市	203
铜陵市	51
安庆市	238
黄山市	99
滁州市	200
阜阳市	262
宿州市	276
巢湖市	
六安市	252
亳州市	243
池州市	20"
宣城市	173

江西省

城市	总排名
南昌市	62
景德镇市	118
萍乡市	114
九江市	212
新余市	60
鹰潭市	163
赣州市	267
吉安市	241
宜春市	179
抚州市	261
上饶市	250

六、华东地区城市排名分布表

上海市

城市	总排名
上海市	7

江苏省

城市	总排名
南京市	19
无锡市	10
徐州市	95
常州市	23
苏州市	8
南通市	41
连云港市	157
淮安市	148
盐城市	110
扬州市	46
镇江市	35
泰州市	67
宿迁市	172

浙江省

城市	总排名
杭州市	13
宁波市	17
温州市	68
嘉兴市	29
湖州市	40
绍兴市	30
金华市	36
衢州市	69
舟山市	34
台州市	47
丽水市	79

山东省

城市	总排名
济南市	89
青岛市	28
淄博市	27
枣庄市	90
东营市	15
烟台市	32
潍坊市	73
济宁市	115
泰安市	85
威海市	18
日照市	111
莱芜市	42
临沂市	112
德州市	105
聊城市	170
滨州市	64
菏泽市	175

七、东北地区城市排名分布表

黑龙江省

城市	总排名
哈尔滨市	53
齐齐哈尔市	226
鸡西市	133
鹤岗市	217
双鸭山市	194
大庆市	25
伊春市	81
佳木斯市	167
七台河市	136
牡丹江市	97
黑河市	263
绥化市	275

吉林省

城市	总排名
长春市	45
吉林市	80
四平市	176
辽源市	160
通化市	88
白山市	103
松原市	104
白城市	204

辽宁省

城市	总排名
沈阳市	14
大连市	5
鞍山市	54
抚顺市	59
本溪市	44
丹东市	87
锦州市	84
营口市	92
阜新市	113
辽阳市	48
盘锦市	22
铁岭市	134
朝阳市	215
葫芦岛市	225

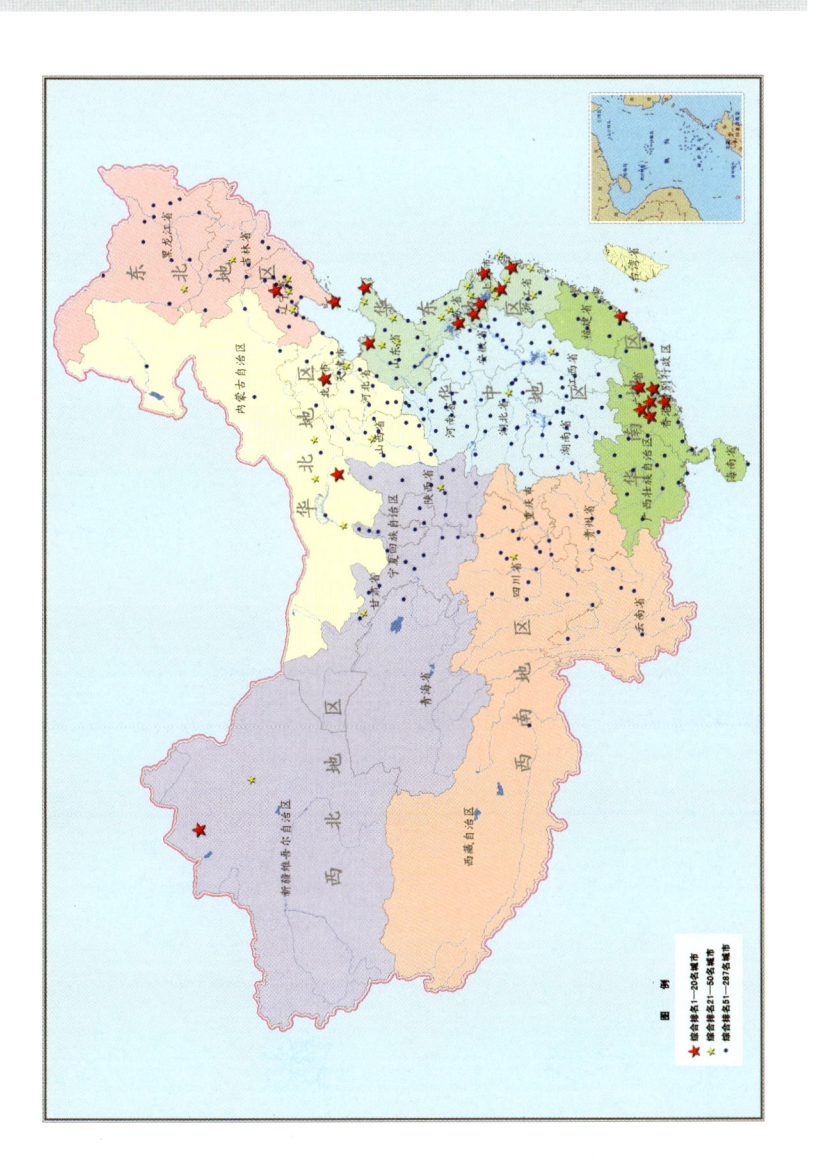

第五部分　全国及七大区域图

东北地区城市综合排名位置图

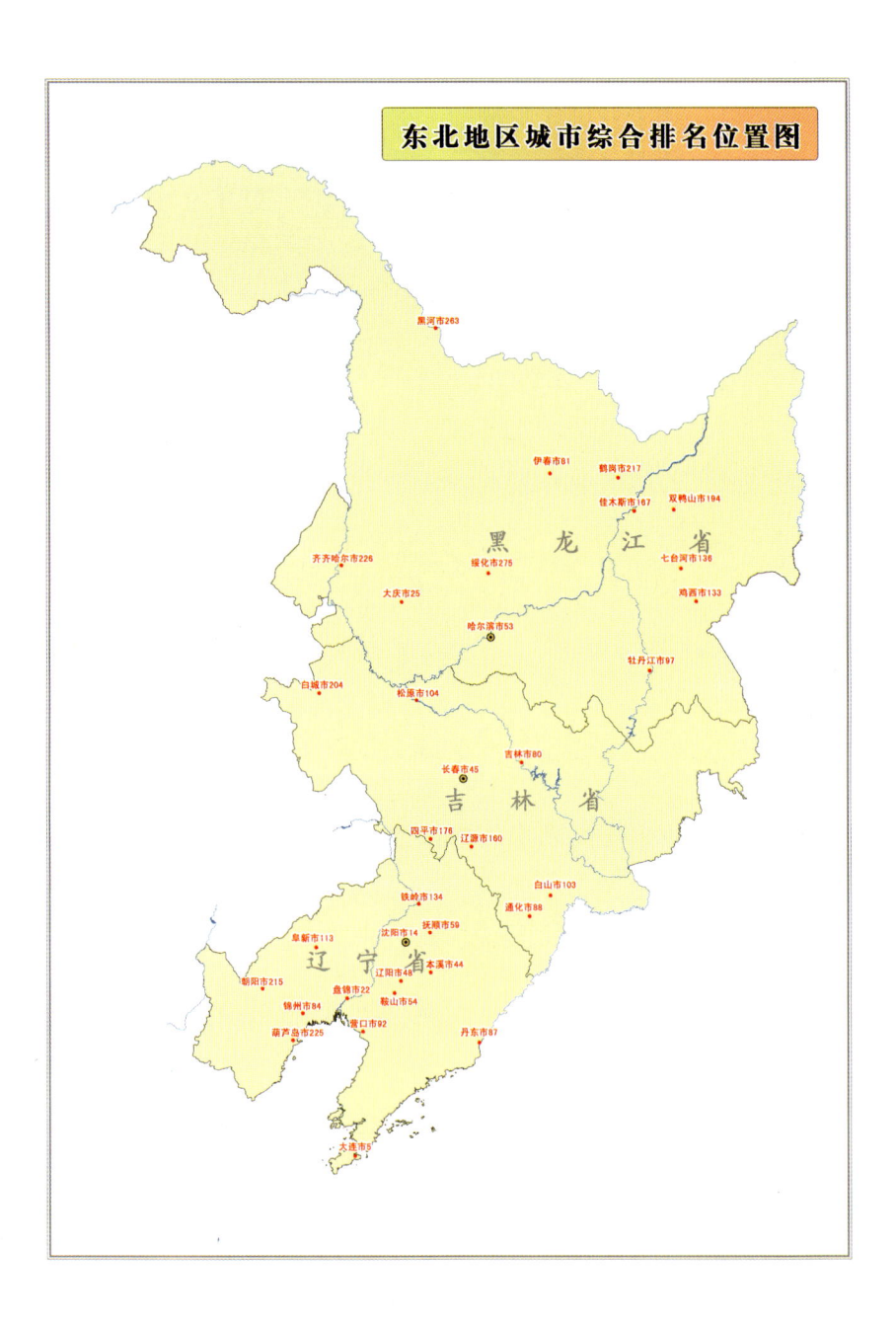

黑河市 263
伊春市 81
鹤岗市 217
佳木斯市 167
双鸭山市 194
齐齐哈尔市 226
绥化市 275
七台河市 136
大庆市 25
鸡西市 133
哈尔滨市 53
牡丹江市 97
白城市 204
松原市 104
吉林市 80
长春市 45
四平市 176
辽源市 160
白山市 103
铁岭市 134
通化市 88
阜新市 113
沈阳市 14
抚顺市 59
朝阳市 215
辽阳市 48
本溪市 44
锦州市 84
盘锦市 22
鞍山市 54
葫芦岛市 225
营口市 92
丹东市 87
大连市 5

华北地区城市综合排名位置图

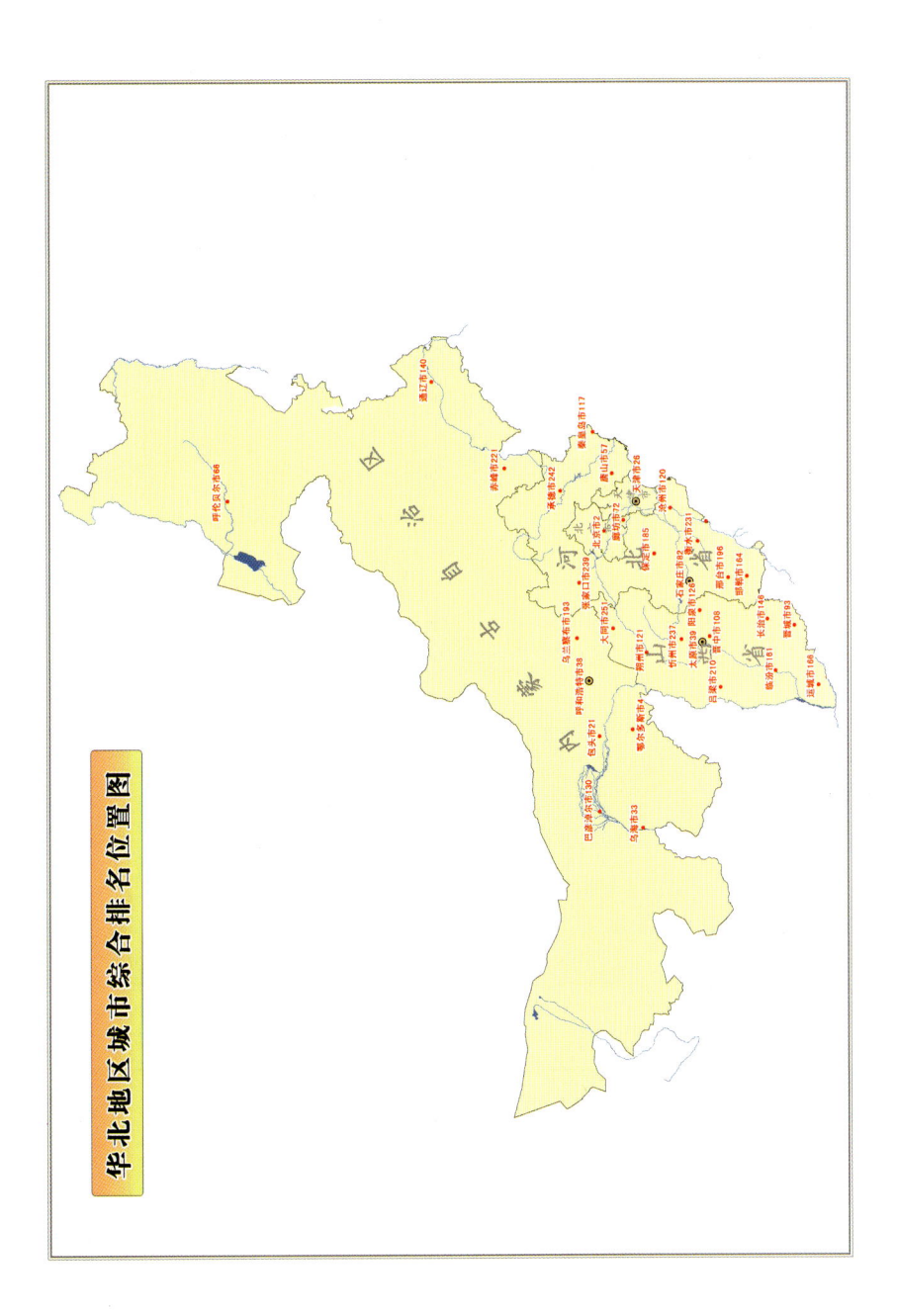

第五部分 全国及七大区域图

华东地区城市综合排名位置图

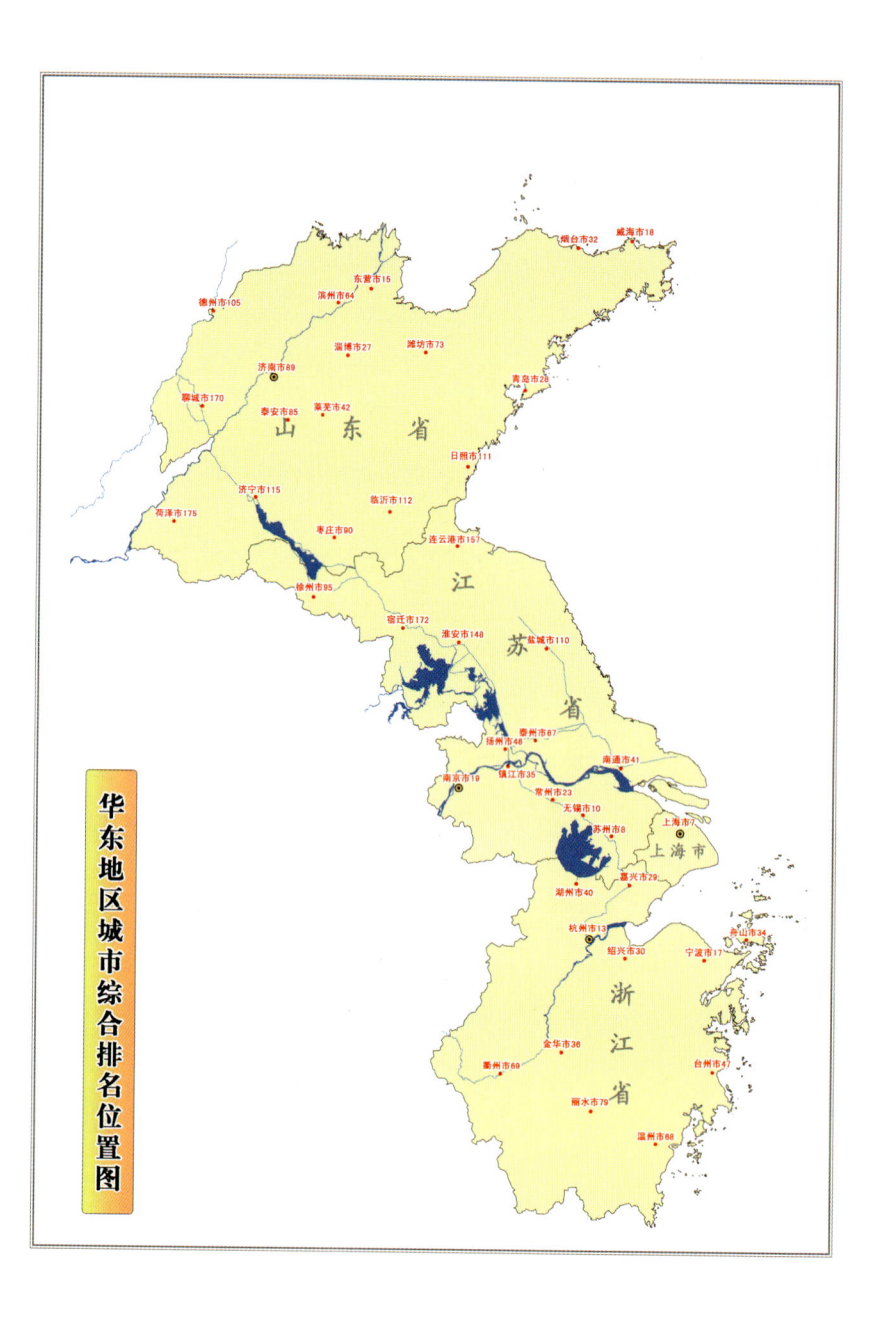

华南地区城市综合排名位置图

第五部分 全国及七大区域图

西北地区城市综合排名位置图

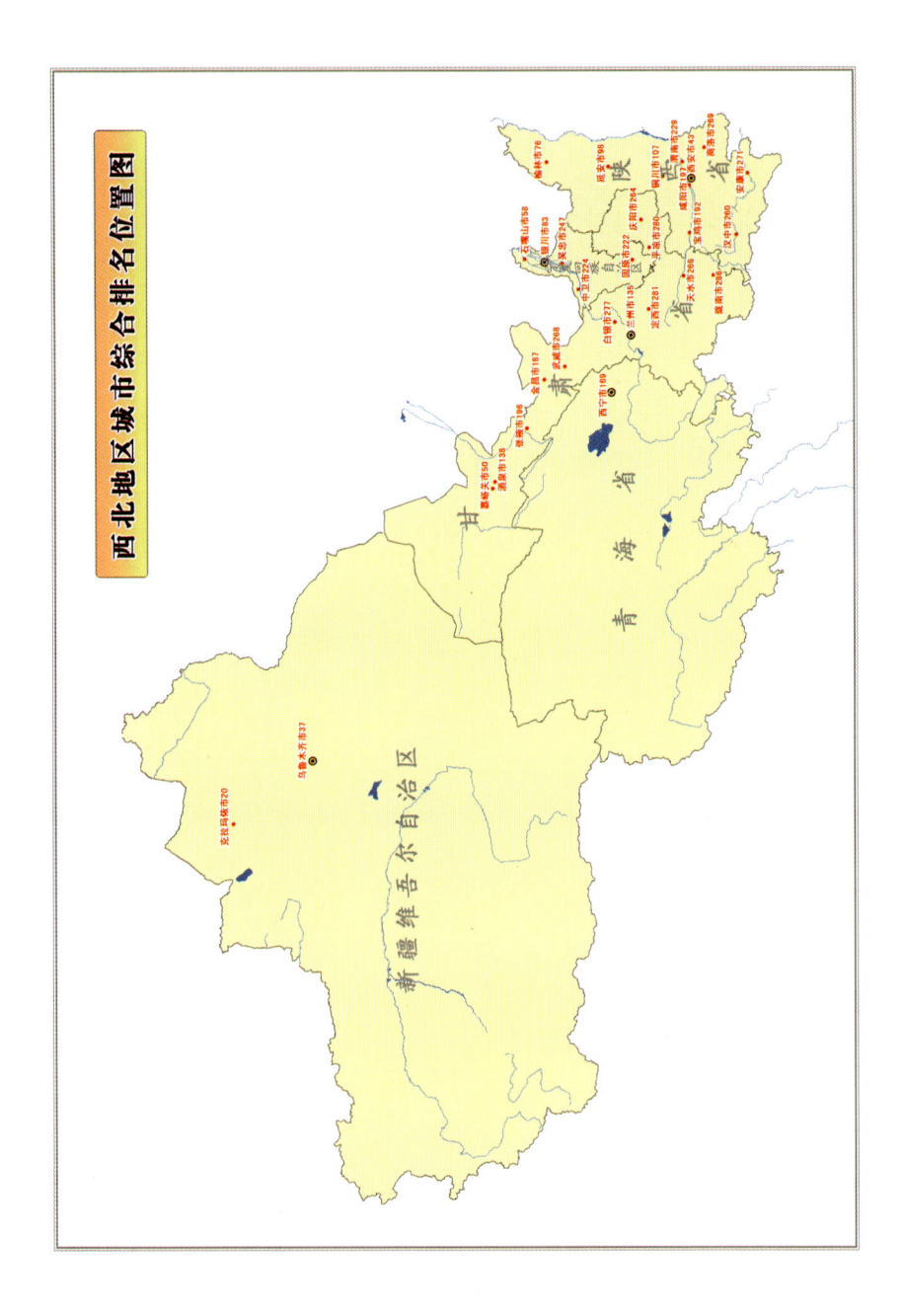

西南地区城市综合排名位置图

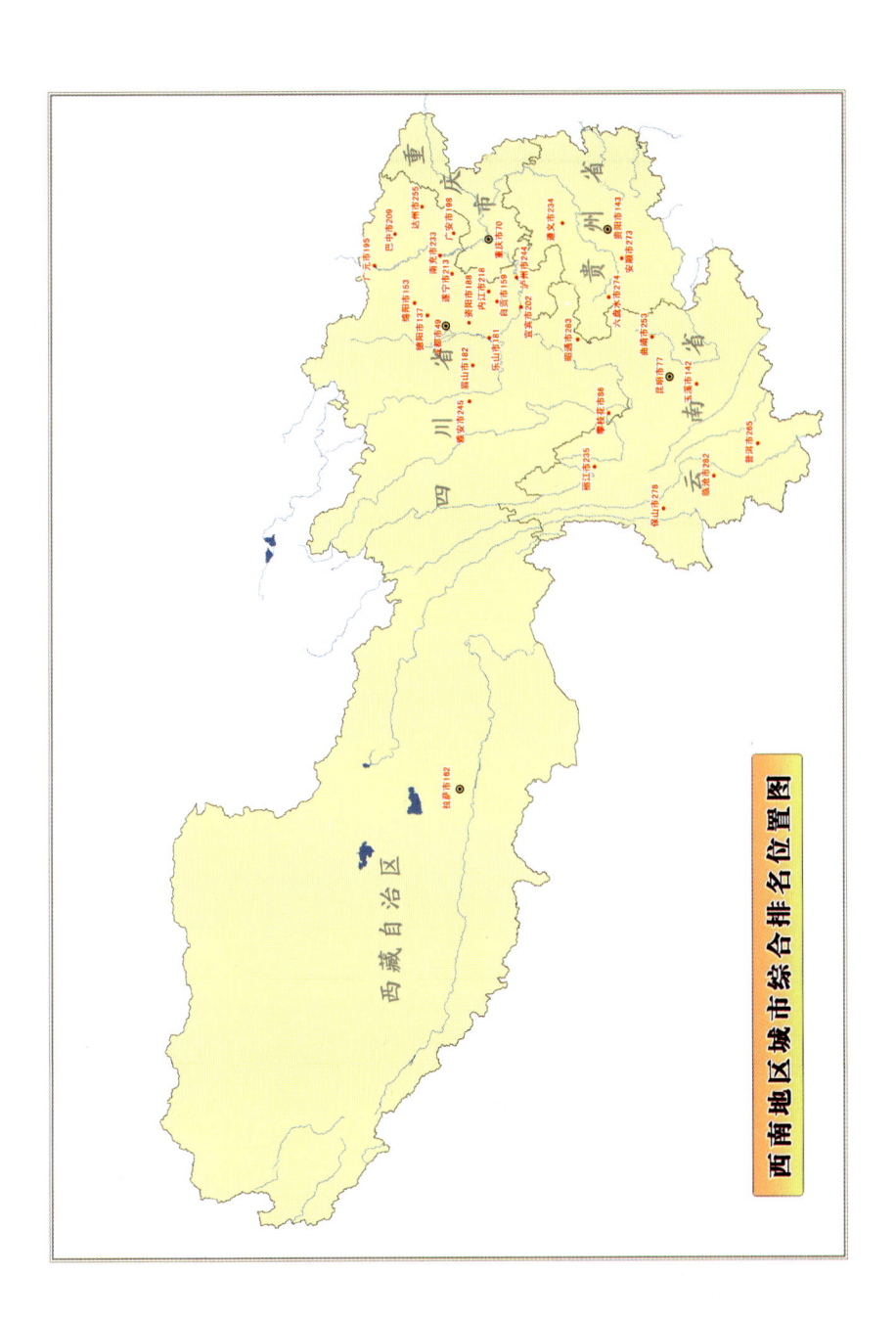

华中地区城市综合排名位置图

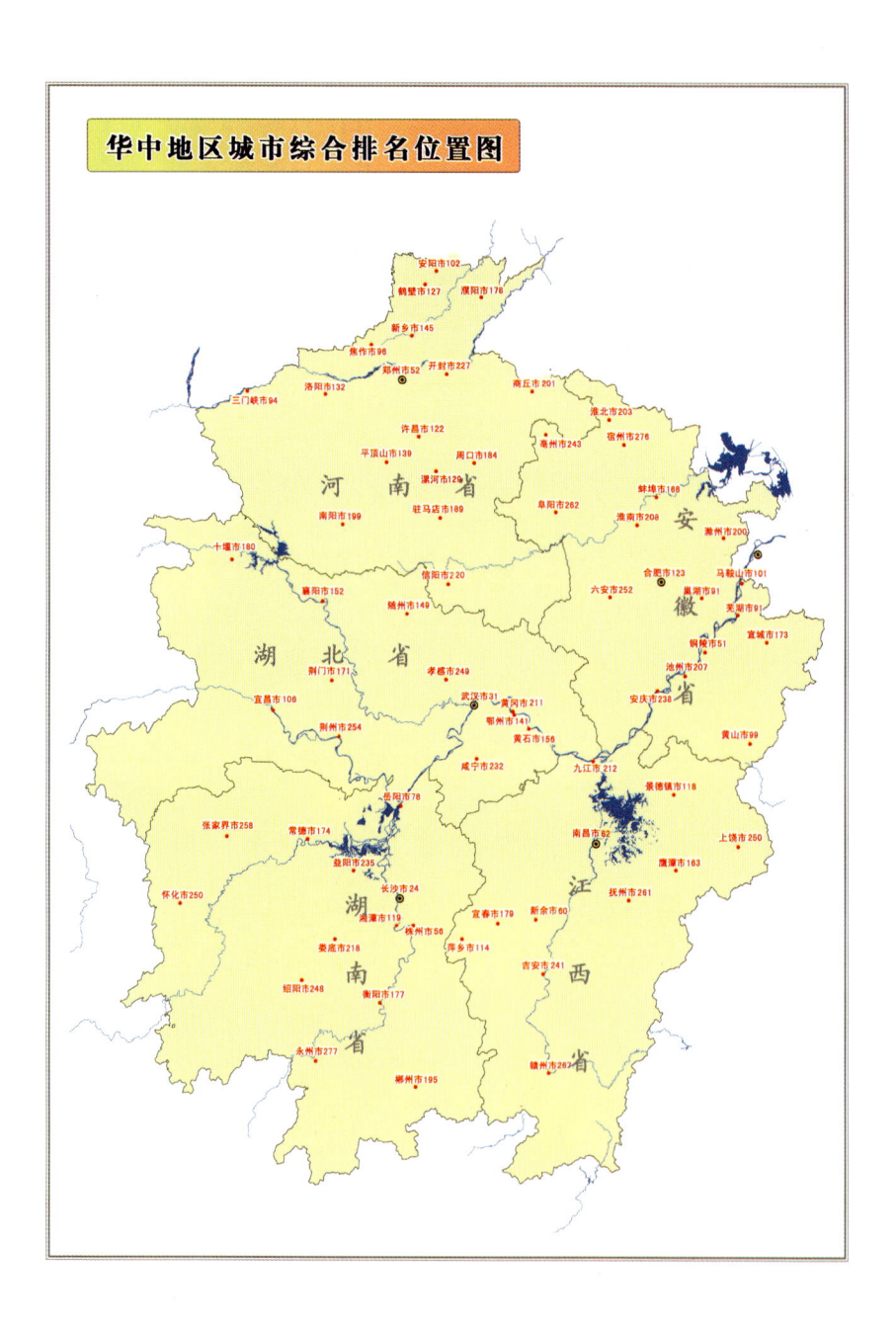

2013中国城市科学发展综合评价报告

172

2013 中国城市科学发展综合评价报告
——城市与人

2013 Comprehensive Evaluation and Grading
Report on China Urban Scientific Development
(Chinese-English Bilingual Edition)
——City and People

中国城市发展研究院
China City Development Academy
中国房地产研究会
China Real Estate Research Association
中国国际经济交流中心　联合编著
China Center for International Economic Exchanges
中国战略文化促进会
China Strategy Culture Promotion Associa

中国社会科学出版社

Copyright Statement of *Comprehensive Evaluation and Grading System (E&G) Design of China Urban Scientific Development*

Comprehensive Evaluation and Grading System (E&G) Design of China Urban Scientific Development, as one of the great research results of China City Development Academy, has been verified by experts and examined by National Copyright Administration of the People's Republic of China. The registration number of "National Copyright Administration of the People's Republic of China Copyright Certificate" is 2008A012255.

Without written authorization of the Academy, any misappropriation, duplication or copy of *Comprehensive Evaluation and Grading System (E&G) Design* is strictly prohibited; any evaluation or other activities shall not be made by using *Comprehensive Evaluation and Grading System (E&G) Design*. Anyone who violates this will be held criminally responsible by the Academy.

China City Development Academy October 9, 2011

2012 Comprehensive Evaluation and Grading Report of China Urban Scientific Development Editorial Organizations

Editorial Board

Director Sun Jiazheng   Zheng Wantong
Executive deputy director Zheng Xinli   Liu Zhifeng
Deputy director Yu Lian   Luo Yuan   Miao Leru
Committee member (ranked by the number of family name strokes)
　　　　　　Ma Qingbin   Ma Zhigang   Wang Jun   Lu Jiping
　　　　　　Lü Guipin   Zhu Bide   Yan Fengtian   Yang Xu
　　　　　　Li Bingdi   He Yupeng   Lin Wenqi   Chai Junfeng
　　　　　　Yuan Chongfa   Ge Jin   Lei Xiaolin

Editorial Department

Editor in Chief Yu Lian
Associate Editor   Yang Xu   Li Bingdi   Yuan Chongfa   Wang Jnu
　　　　　　　　　Yan Fengtian   Lin Wenqi   Zhu Bide   Lu Jiping
　　　　　　　　　Huang Yunfeng
Executive Editor in chief   Bai Nanfeng
Executive Editorial Board Member   Zheng Ying   Dong Jihong
　　　　　　　　　　　　　　　　Zhang Wen ning
Database Management   Lin Zhihe An Di

Part I China urban development report in 2013

I. Introduction

Lucas(1988, 2002)[12], the famous economist pointed out in his classical literature[66] that city is the engine of growth. "Knowledge accumulation" happened under urban environment will bring us higher labor productivity. In China, there are total 288 above prefecture-level cities, these cities(municipal district) only account for 6.7% of land area of whole country, and 30% of population of whole country. But they created 62% national gross domestic product (data in 2011). It can be said that exactly because the prosperous development of city created a pair of swings for the rising dream of China, thus forged the 35 years brilliance in China economic society.

However it is different with the concept of cities in western countries, the administrative region of most China cities do not only include the jurisdiction area of city, but also include the surrounding rural area(mainly include agriculture land and also some scattered town area.)[6] Taking Shijiazhuang, the capital city of Hebei as an example, in 2010 the administrative area of Shijiazhuang is 200000 km2, the permanent resident population is 10280000, but in which only 28% residents live in downtown area. The downtown area and surrounding suburban area have great difference on economic development level, public service supplying, resident income and other aspects. It can be seen from the indicator of income gas between urban people and rural people, the income rate of urban people and rural people in 2011 exceed 3:1, which is higher than world average level. Meanwhile, there are large amount of agriculture transferring population in some megacities and big cities. They are reckoned into local"permanent resident population", but they are not really incorporated into the city. The most common problem is because that they can not enjoy the social security and public service connecting household register due to having no urban household register. Only from the aspect of social security, it is displayed by data that until September, 2012, the number pf migration workers in whole country who participating urban worker's basic pension, basic medical, unemployment and work-related injury insurance only account for respectively 17.8%, 19.7%, 10.4% and 28.0% of the total number of farmer workers.[6]

Above phenomenon are not to deny the process of urbanization, but reflect some major problems that need to be concerned during our country's urbanization process, the mode of urbanization needs to be transformed. In recent years, urbanization becomes the hot point in social and academic discussion; especially the connotation about new type of urbanization is clarified by many scholars. On the closing ceremony of the 1st NPC, Li Keqiang, the prime minister stresses that "urbanization is a necessary tendency of modernization, the new type urbanization stressed by us is urbanization featured in people-oriented. "Only continuous bringing obvious promotion of overall level of national welfare, basic public service and welfare arrangement benefiting to more people, income allocation structure tending to reasonable, continuous improving urban environment can really realize that cities can walk to sustainable development road featured in people-oriented.

This report is aimed to evaluate the development difference in sustainable economic growth, public service supply and resident enjoying in various above prefecture-level cities of China through constructing an urban scientific development evaluation system covering three main aspects such as economic development, public service and resident enjoying. It is aimed to explore the coordination relationship of three progressive cycles from creation of social wealth, allocation of wealth and actual benefits of people in the urbanization process. This is helpful to make clear the various problems existing in China urbanization process, various reasons of government absence and dislocation, so as to find out proper method to gradually realize the equalization of basic public service in China cities and let all people enjoying the achievements of economic development.

II. Taking people-orientation as basis, evaluating urban development situation

The slogans such as "city is developed for people", "city makes life better" are appeared in more and more occasions, causing the resonance of people. They gradually become the common sense of society gradually and firmly, they become the pursuing of people. Whatever such pursuing is belonged to regressive or idea, it requires to guide concept and corresponding evaluation system for city development, upgrading and completion. It should turn the nearly crazy and abnormal desiring and appreciation on city's physical image to the real concern of people's life and individual development. It should implement the people-oriented scientific development philosophy on the development philosophy of city, so as to form a new and systematic development evaluation indicator and construct corresponding development system and route.

China academy of urban development starts to use annual statistical indicator and data to research and provide out a set of new and systematic urban evaluation system since 2008. It carries out comprehensive classification and evaluation on above prefecture-level cities in the whole country, it carries out new trial on evaluating urban development gains and losses through the angle of scientific development view. In the consecutive 3 years of insisting and completing, the evaluation report produces certain influence on society. While obtain appreciation, many people also provide out very pertinent and complete criticisms and suggestions. Under the great support and encouragement of various industries, since 2011, we further optimized the classification system on the basis of following original classification. We mainly more clearly understand the relationship between people and city from the logistic relation of indicators. We more clearly and more directly find out the tendency, characteristic and main contradiction etc. of relationship between city and people from the evaluation sequence of annual indicator.

Current urban statistical indicators cover various fields such as economy, society and culture etc. We divide these indicators into three kinds: first is the economic development level, mainly reflecting the scale of economic development, element efficiency, scientific progress and externality, generally it is belonged to production indicator; second is the public service level, mainly reflecting the scale and scope of government inputting into social public service, generally it is belonged to wealth allocation indicator in social sharing category; third is the actual enjoying level of residents, mainly reflecting various benefits and opportunities shared in urban development of residents, generally it is belonged to urban development achievement finally obtained by residents(personnel benefit indicator).

The evaluation objects of this report include 285(excluding Lhasa, Bijie and Tongren of Guizhou due to shortage of data) above prefecture-level cities, in which there are 4 municipalities directly under the central government, 26 provincial capital cities, 5 municipalities with independent planning status and 250 other prefecture-level cities. Due to the limited length of text, this report only given out the evaluation results of 35 main cities, the evaluation results of other prefecture-level cities would be given in the latter chapters of this book. Meanwhile in order to facilitate research and comparison, it adopts 8 region division provided by state council, it divides 35 cities into 8 regions, for specific please see table 1 – 1.

Table 1 – 1　　　　　Zoning of main cities in China

Code of region	Region	City
1	Northeast	Shenyang, Dalian, Changchun, Harbin
2	North coast	Beijing, Tianjin, Shijiazhuang, Jinan, Qingdao
3	East coast	Shanghai, Nanjing, Hangzhou, Ningbo
4	South coast	Fuzhou, Xiamen, Guangzhou, Shenzhen, Haikou
5	Midstream area of Yellow River	Xi'an, Taiyuan, Zhengzhou, Hohhot
6	Midstream area of Yangtze River	Hefei, Nanchang, Wuhan, Changsha
7	Southwest area	ongqing, Chengdu, Guiyang, Kunming, Nanning
8	Northwest area	Lanzhou, Xining, Yinchuan, Urumqi

The main statistical data of these 35 cities are given in table 1 – 2. It can be seen that the megapolis with population over 10000000 include 9 cities such as Beijing, Shanghai, Tianjin, Shijiazhuang, Wuhan, Guangzhou, Shenzhen, Chongqing and Chengdu; the megapolis with population between 5000000 to 10000000 include 17 cities such as Shenyang, Dalian, Changchun, Harbin, Nanjing, Hangzhou, Ningbo, Hefei, Fuzhou, Nanchang, Jinan, Qingdao, Zhengzhou, Changsha, Nanning, Kunming, Xi'an ; the middle sized cities with population between 1500000—5000000 include 9 cities such as Taiyuan, Hohhot, Xiamen, Haikou, Guiyang, Lanzhou, Xining, Yinchuan and Urumqi[6]; Where the highest GDP per capita is Shenzhen, it reaches 110421 Yuan/ per person, the lowest is Guiyang, it is only 31712 Yuan/ per person, the difference between the two cities reaches 3.5 times; the city with the highest urbanization rate is Xiamen, Shenzhen and Haikou, reaching 100%, the lowest is Shijiazhuang, it is only 28%; the one with biggest constructed area is Beijing, it reaches 1231 km2, the city with the highest population density in downtown area is Shanghai, it reaches 267000/ km2, the one with the smallest constructed area is Xining, it is only about 75km2, the city with the lowest population density in downtown area is Urumchi, it is 7100 people/ km2. It can be seen that all cities of China exist relevant large difference on the aspects such as scale, population density, urbanization rate and economic development level.

Table 1 – 2　　　Statistical data of main cities of China in 2011

City	Total population (Permanent resident population, 10 thousands)	Urbanization rate (Population in downtown area/total population, %)	GDP per capita (Yuan/person)	Constructed area (Urban district, km2)	Population density in downtown area (10 thousands/ km2)
Beijing	2019	80	81658	1231	1.31
Tianjin	1355	86	85213	711	1.64
Shijiazhuang	1028	28	39919	210	1.37
Taiyuan	424	80	49292	300	1.13
Hohhot	291	69	75266	174	1.15
Shenyang	723	72	72648	430	1.21
Dalian	589	63	91295	390	0.95
Changchun	768	48	52649	418	0.88
Haerbin	993	55	42736	367	1.49
Shanghai	2347	97	82560	886	2.57
Nanjing	811	89	76263	637	1.13
Hangzhou	874	72	101370	433	1.45
Ningbo	763	46	105334	285	1.23
Hefei	752	40	48540	360	0.84
Fuzhou	720	41	52152	232	1.27
Xiamen	361	100	70832	246	1.47
Nanchang	509	47	53023	208	1.15
Jinan	689	64	64310	355	1.24
Qingdao	880	43	75546	292	1.3
Zhengzhou	886	49	56855	355	1.22

续表

City	Total population (Permanent resident population, 10 thousands)	Urbanization rate (Population in downtown area/total population, %)	GDP per capita (Yuan/person)	Constructed area (Urban district, km2)	Population density in downtown area (10 thousands/km2)
Wuhan	1002	67	68315	506	1.33
Changsha	709	44	79530	306	1.02
Guangzhou	1275	87	97588	990	1.12
Shenzhen	1047	100	110421	841	1.24
Nanning	673	52	33017	293	1.19
Haikou	210	100	35669	98	2.14
Chongqing	2919	54	34500	1035	1.52
Chengdu	1407	55	49438	483	1.6
Guiyang	439	70	31712	162	1.9
Kunming	649	55	38831	298	1.2
Xi'an	851	77	39176	343	1.91
Lanzhou	362	73	45475	197	1.34
Xining	223	48	37570	75	1.43
Yinchuan	203	65	34743	126	1.05
Urumqi	321	85	48964	384	0.71

Note: due to the data limitation, Lhasa is not included. Urbanization rate should be calculated according to the demographic census data in 2010, due to the shortage of data, non-agricultural population divided by the registered population is used in Dalian to replace the urbanization rate.

In order to obtain the scientific development indicators of cities featured in comparable quantity, time and space, it should carry out standardization on various original indicators; specific methods are given in following formulas:

$$\hat{X}_{it} = (X_{it} - \mu_{it})/\sigma_{it}$$

$$X_{it}^* = (\hat{X}_{it} - \min(\hat{X}_{it}))/(\max(\hat{X}_{it}) - \min(\hat{X}_{it}))$$

Where, X_{it} is the original value of indicator, μ_{it} is the average value of all samples, σ_{it} is the standard deviation of all sample. For indicators with adverse change direction and scientific development, use $1 - X_{it}^*$ to adjust continuously.

There are a lot of empowerment methods for indicators, different methods may produce different results, it is still a worth question to discuss whether it should adopt same weight or different weight. This report adopts equal weight method on the basis of referring relevant literature; it uses simple arithmetic average formula to calculate the indicators of each subsystem and final scientific development indicators.

III. Main results of urban scientific development evaluation

This report uses scientific development indicator to describe the overall development level of city, because it carries out standardized treatment, this indicator is comparable on both space and time dimension. Table 1 - 3 reports the scientific development indicators of various municipalities directly under the central government, provincial capital and municipalities with independent planning status (35 cities in total) during 2009 to 2011. . Table 1 - 4, table 1 - 6 and table 1 - 8 respectively report the three sub indicators representing economic development level, public service level and resident enjoying level.

(I) Change tendency of scientific development indicators of main cities.

It can be seen from the overall tendency: during 2009 to 2011, the average value of scientific development indicators of main China cities was increased from 0.35 to 0.42, the increasing rate is 20%. The development indicators of all cities except for Hefei are increasing step by step, this indicates that generally the development of main big cities in China are successful. The growth rate of some under-developed cities such as Nanchang, Guiyang and Xining etc. exceeded 40%, the growth rate of some developed cities such as Beijing, Shanghai, Shenzhen and Guangzhou etc. are relevant mild. The city with the only indicator descending is Hefei, this is because that it is affected by the administrative division adjustment in Hefei in 2011, it newly adds Lujiang county and Chaohu city (county level), causing a little descending due to the impact f relevant indicators.

From the aspect of regional comparison, the scientific development indicator appears obvious tendency of "high in east and low in west". The development level of most cites in east coast area, north coast area and south coast area are higher that the average level of whole county, the development indicators of all cities in the midstream of Yellow River, Northwest, and Southwest regions are lower than average level of whole country. The city with the highest development indicator is Xiameng(0.73 in Xiameng), which is 3.3 times of Xining with the lowest development indicator (0.22 in 2011) . In recent 3 years, the fastest growth is in the southwest region, the indicator growth of cities in southwest region is up to 30%, the cities with relevant large growth are Xining, Guiyang and Xichang, they all exceed 40%.

Table 1-3 scientific development indicators of main cities in China

City	2009	2010	2011	Rate of change (%)
Beijing	0.56	0.57	0.61	10
Tianjin	0.42	0.46	0.49	18
Shijiazhuang	0.28	0.31	0.33	18
Taiyuan	0.32	0.35	0.36	13
Hohhot	0.32	0.34	0.36	14
Shenyang	0.41	0.44	0.48	18
Dalian	0.43	0.46	0.51	19
Changchun	0.28	0.33	0.36	28
Haerbin	0.25	0.29	0.33	29
Shanghai	0.51	0.54	0.56	10
Nanjing	0.41	0.45	0.51	26
Hangzhou	0.48	0.53	0.60	24
Ningbo	0.46	0.50	0.58	26
Hefei	0.29	0.32	0.28	-3
Fuzhou	0.33	0.37	0.42	28
Xiamen	0.58	0.66	0.73	26
Nanchang	0.26	0.31	0.36	40
Jinan	0.36	0.40	0.45	25
Qingdao	0.40	0.43	0.47	20
Zhengzhou	0.34	0.34	0.38	11
Wuhan	0.34	0.38	0.41	23
Changsha	0.40	0.44	0.46	16
Guangzhou	0.49	0.51	0.55	12
Guangzhou	0.56	0.59	0.62	11
Nanning	0.20	0.25	0.27	31
Haikou	0.32	0.34	0.39	21
Chongqing	0.24	0.27	0.30	29
Chengdu	0.29	0.33	0.37	28
Guiyang	0.20	0.24	0.29	42

续表

City	2009	2010	2011	Rate of change (%)
Kunming	0.30	0.32	0.37	25
Xi'an	0.28	0.31	0.34	22
Lanzhou	0.25	0.26	0.29	15
Xining	0.15	0.19	0.22	46
Yingchuan	0.30	0.29	0.32	5
Urumqi	0.30	0.35	0.36	18
Northeast	0.34	0.38	0.42	23
North coast	0.40	0.43	0.47	16
East coast	0.47	0.51	0.56	21
South coast	0.46	0.49	0.54	19
Midstream area of Yellow River	0.32	0.34	0.36	14
Midstream area of Yangtze River	0.32	0.36	0.38	17
Southwest area	0.25	0.28	0.32	30
Northwest area	0.25	0.27	0.30	19
average value	0.35	0.38	0.42	20

(II) Change tendency of economic development indicators of main cities.

It is found after exploring the sub-indicators reflecting urban economic development level: the cities with the highest economic development indicator is Ningbo (0.60), second is Shenzhen (0.59) and Xiameng (0.59); the cities with the lowest economic development indicator are Chongqing (0.21) and Guiyang (0.21). Table 1-5 listed out the score of various sub-items of these cities' economic development sub-system, it can be seen that the overall economic development level, i.e. the level of per capita GDP and the difference of scientific advancement can explain the difference of most economic development indicator.

When comparing the growth rate in recent 3 years, the improvement of economic development condition in the southwest cities are obvious, especially the three cities: Chongqing, Guizhou and Nanning increase 58%, 46% and 46% respectively. For its reasons, the great promotion of per capita GDP and great descending of "3 wastes" emission brought by the adjustment of industrial structure are important reasons for the promotion of urban economic development indicators. In comparison, the economic growth of coast area is a little slowed down, especially the south coast area where the growth rate is lower than the average level of whole country.

Table 1 – 4 Economic development indicators of main cities in China

City	2009	2010	2011	Rate of change (%)
Beijing	0.46	0.49	0.48	5
Tianjin	0.44	0.47	0.53	21
Shijiazhuang	0.29	0.33	0.36	23
Taiyuan	0.27	0.30	0.31	16
Hohhot	0.31	0.33	0.35	12
Shenyang	0.43	0.46	0.50	16
Dalian	0.49	0.52	0.55	13
Changchun	0.30	0.32	0.36	17
Haerbin	0.26	0.30	0.32	22
Shanghai	0.53	0.54	0.54	3
Nanjing	0.40	0.43	0.50	27
Hangzhou	0.46	0.50	0.54	18
Ningbo	0.49	0.54	0.60	22
Hefei	0.36	0.40	0.36	2
Fuzhou	0.35	0.38	0.40	15
Xiamen	0.52	0.56	0.59	15
Nanchang	0.30	0.32	0.34	11
Jinan	0.38	0.40	0.43	13
Qingdao	0.47	0.50	0.54	14
Zhengzhou	0.31	0.33	0.34	7
Wuhan	0.34	0.37	0.40	18
Changsha	0.46	0.50	0.50	8
Guangzhou	0.48	0.49	0.53	10
Guangzhou	0.59	0.62	0.59	0
Nanning	0.16	0.19	0.23	46
Haikou	0.28	0.31	0.32	15
Chongqing	0.13	0.18	0.21	58
Chengdu	0.28	0.32	0.35	24
Guiyang	0.15	0.18	0.21	46
Kunming	0.25	0.23	0.26	8

续表

City	2009	2010	2011	Rate of change (%)
Xi'an	0.26	0.28	0.31	17
Lanzhou	0.22	0.24	0.24	13
Xining	0.18	0.18	0.22	17
Yingchuan	0.22	0.20	0.22	2
Urumqi	0.25	0.34	0.37	49
Northeast	0.37	0.40	0.43	17
North coast	0.41	0.44	0.47	15
East coast	0.47	0.50	0.55	16
South coast	0.44	0.47	0.49	9
Midstream area of Yellow River	0.29	0.31	0.33	14
Midstream area of Yangtze River	0.37	0.40	0.40	10
Southwest area	0.19	0.22	0.25	30
Northwest area	0.22	0.24	0.26	21
average value	0.34	0.37	0.40	15

Table 1-5 Score of economic development sub-system of representative cities in 2011

City	Overall level of economic development	Utilization efficiency of development elements	Advancement of science	External effect of development
Ningbo	0.69	0.55	0.47	0.67
Xiamen	1	0.28	0.52	0.58
Guangzhou	0.73	0.46	0.41	0.75
Chongqing	0.08	0.13	0.08	0.54
Guiyang	0.08	0.13	0.16	0.48

(III) Change tendency of public service indicators of main cities.

It is found through exploring and reflecting urban public service level: the public service indicator of Xiamen is up to 0.84, Beijing is up to 0.62, but this indicator in Shijiazhuang and Nanning with relevant low public service level is only 0.14. Table 1-7 listed out the scores of various sub-items of public service subsystem of these cities, it can be seen that the phenomenon of unequal public service level interregion is very outstanding. The difference of inter-city public service indicators are mainly caused by the great difference of public fiscal expenditure input and social security scope.

When comparing the growth rate in recent 3 years, the public service level in Chongqing, Nanning and southwest cities, as well as Haikou, Fuzhou and other south coastal cities have relevant large promotion; this is mainly benefited from the great increasing of public fiscal expenditure of government. It is worth to note that the public service indicator of Zhengzhou and Urumchi is a little descended. When analyzing it reason, it is main because that the increasing rate of public infrastructure slower than the increasing of permanent resident population, thus making per capita occupation level of public projects descending.

Table 1 – 6   Public service indicator of main cities in China

City	2009	2010	2011	Rate of change (%)
Beijing	0.53	0.54	0.62	17
Tianjin	0.26	0.29	0.34	29
Shijiazhuang	0.13	0.15	0.17	36
Taiyuan	0.26	0.28	0.28	7
Hohhot	0.19	0.21	0.26	32
Shenyang	0.31	0.33	0.37	19
Dalian	0.32	0.36	0.42	34
Changchun	0.19	0.21	0.26	36
Haerbin	0.15	0.16	0.21	40
Shanghai	0.37	0.39	0.44	18
Nanjing	0.30	0.34	0.39	31
Hangzhou	0.36	0.43	0.50	37
Ningbo	0.34	0.37	0.48	43
Hefei	0.17	0.15	0.19	17
Fuzhou	0.15	0.18	0.22	46
Xiamen	0.58	0.71	0.84	44
Nanchang	0.13	0.18	0.22	61
Jinan	0.21	0.26	0.30	42
Qingdao	0.22	0.26	0.31	42
Zhengzhou	0.19	0.15	0.19	−1
Wuhan	0.28	0.29	0.33	19

续表

City	2009	2010	2011	Rate of change (%)
Changsha	0.19	0.21	0.23	18
Guangzhou	0.28	0.31	0.38	34
Guangzhou	0.31	0.35	0.42	35
Nanning	0.08	0.12	0.14	87
Haikou	0.16	0.20	0.28	74
Chongqing	0.10	0.11	0.18	89
Chengdu	0.16	0.16	0.21	34
Guiyang	0.11	0.13	0.18	55
Kunming	0.25	0.25	0.28	11
Xi'an	0.19	0.22	0.26	37
Lanzhou	0.21	0.22	0.23	10
Xining	0.10	0.16	0.18	85
Yingchuan	0.24	0.23	0.27	13
Urumqi	0.27	0.29	0.26	−3
Northeast	0.24	0.27	0.32	30
North coast	0.27	0.30	0.35	29
East coast	0.34	0.38	0.45	32
South coast	0.30	0.35	0.43	45
Midstream area of Yellow River	0.21	0.22	0.25	19
Midstream area of Yangtze River	0.19	0.21	0.24	26
Southwest area	0.14	0.15	0.20	41
Northwest area	0.21	0.23	0.24	15
average value	0.24	0.26	0.31	31

Table 1 − 7   Score of public service sub-system of representative cities in 2011

City	Public fiscal expenditure	Scale of public projects	Scope of Social Security
Beijing	0.91	0.48	0.46
Xiamen	0.9	0.61	1
Nanning	0.17	0.2	0.06
Shijiazhuang	0.14	0.32	0.05

(IV) Change tendency of resident enjoying indicator in main cities.

Sub indicators exploring and reflecting urban resident enjoying level: the city with the highest resident enjoying indicator is Shenzhen (0.85), second is Xiameng (0.76); the city with the lowest resident enjoying indicator is Xining (0.26), second is Hefei(0.28). Table 1-9 listed out the score of various sub-items of resident enjoying level subsystem in these cities, for cities with relevant high resident enjoying level, the income, employment, living environment and consumption level are all obviously higher than the cities with relevant low resident enjoying level.

Comparing to the growth in recent 3 years, the improvement of resident enjoying level in southwest cities is the most obvious, the improvement of coast cities is relevant small. The cities with relevant high resident enjoying indicator include Nanchang (57%), Xining (54%) and Kunming(43%). The promotion of income and consumption expense is the main reason of rising of these cities' resident enjoying indicator. It is worth to note that in 2011 the resident enjoying indicator in Hefei declines 17% comparing to that in 2009. It is found through analysis that the worsening of residence environment and the rising of unemployment rate are the main reasons.

Table 1 – 8   Actual resident enjoying indicators of main cities in China

City	2009	2010	2011	Rate of change (%)
Beijing	0.68	0.69	0.74	9
Tianjin	0.56	0.60	0.62	10
Shijiazhuang	0.42	0.46	0.46	9
Taiyuan	0.43	0.47	0.50	16
Hohhot	0.45	0.48	0.49	9
Shenyang	0.48	0.53	0.57	19
Dalian	0.48	0.50	0.55	15
Changchun	0.35	0.44	0.46	32
Haerbin	0.34	0.42	0.44	30
Shanghai	0.63	0.68	0.70	11
Nanjing	0.53	0.58	0.65	23
Hangzhou	0.62	0.66	0.75	20
Ningbo	0.56	0.59	0.66	18
Hefei	0.34	0.40	0.28	-17

续表

City	2009	2010	2011	Rate of change (%)
Fuzhou	0.48	0.54	0.63	32
Xiamen	0.64	0.71	0.76	19
Nanchang	0.33	0.43	0.52	57
Jinan	0.48	0.54	0.61	26
Qingdao	0.49	0.52	0.57	15
Zhengzhou	0.51	0.54	0.61	18
Wuhan	0.39	0.47	0.51	30
Changsha	0.54	0.60	0.66	23
Guangzhou	0.70	0.73	0.74	6
Guangzhou	0.77	0.80	0.85	10
Nanning	0.38	0.43	0.43	14
Haikou	0.53	0.53	0.57	8
Chongqing	0.48	0.51	0.52	9
Chengdu	0.44	0.52	0.56	28
Guiyang	0.35	0.42	0.47	36
Kunming	0.40	0.47	0.57	43
Xi'an	0.38	0.42	0.45	17
Lanzhou	0.34	0.34	0.40	20
Xining	0.17	0.24	0.26	54
Yingchuan	0.44	0.44	0.45	2
Urumqi	0.39	0.41	0.44	13
Northeast	0.41	0.47	0.51	22
North coast	0.53	0.56	0.60	14
East coast	0.59	0.63	0.69	18
South coast	0.62	0.66	0.71	14
Midstream area of Yellow River	0.44	0.48	0.51	16
Midstream area of Yangtze River	0.4	0.48	0.49	23
Southwest area	0.41	0.47	0.57	43
Northwest area	0.34	0.36	0.39	17
average value	0.47	0.52	0.56	18

Table 1 – 9   Score of resident enjoying sub-system of representative cities in 2011

City	Income level	Living environment	Employment level	Consumption level
Shenzhen	0.93	0.87	1	0.58
Xiamen	0.57	0.86	0.82	0.80
Xining	0.11	0.37	0.35	0.23
Hefei	0.23	0.51	0	0.38

IV. Relationship between urbanization and urban scientific development

This report uses the relevant analysis of Pearson to research the relationship between urbanization and urban scientific development. We selected three kinds of factors as follows: (1) social economic factors driving urbanization process. Undoubtedly population is the core driving force of urbanization process. In addition, GDP per capita can greatly reflect the development level of urban economy. (2) The situation of public service supply in urbanization process. We selected indicators in 7 public service fields such as the weight of science expense in fiscal expenditure, per capita education expense, broadband coverage rate, per capita sanitation and medical expense, per capita social security and employment expense, per capita road area, and per capita green land area to respectively reflect the public service supply of local government on the aspects such as science, education, culture, sanitation, social security, urban infrastructure, urban environment etc. (3) National welfare change brought by urbanization. We selected two representative indicators such as per capita disposable income of urban resident and urban and rural income ratio reflecting resident benefits.

Table 1 – 10   Results of relevance analysis

		Population	Per capita GDP	Weight of scientific expenditure in fiscal expenditure	Per capita education expenditure	Broadband coverage rate	Per capita sanitation and medical expense	Per capita social security and employment expense	Per capita road area	Per capita green land area	Per capita disposable income of urban residents	Income ratio in rural and urban area
Social and economic development	Population	1										
	Per capita GDP	0.18	1									
Public service supply	Weight of scientific expenditure in fiscal expenditure	0.32 **	0.69 **	1								
	Per capita education expenditure	0.21 *	0.67 **	0.58 **	1							
	Broadband coverage rate	-0.05	0.48 **	0.26 **	0.64 **	1						
	Per capita sanitation and medical expense	0.28 **	0.65 **	0.59 **	0.92 **	0.48 **	1					
	Per capita social security and employment expense	0.33 **	0.54 **	0.45 **	0.68 **	0.38 **	0.68 **	1				
	Per capita road area	-0.15	0.47 **	0.34 **	0.15	0.1	0.11	0.15	1			
	Per capita green land area	0.03	0.41 **	0.41 **	0.40 **	0.44 **	0.36 **	0.23 **	0.39 **	1		
Actual resident enjoying	Per capita disposable income of urban residents	0.29 **	0.86 **	0.63 **	0.72 **	0.40 **	0.74 **	0.46 **	0.42 **	0.45 **	1	
	Income ratio in rural and urban area	-0.04	-0.65 **	-0.60 **	-0.36 **	-0.30 **	-0.2 *	-0.35 **	-0.24 *	-0.39 **	1	

Note: * represent obvious under 5% level, ** represent obvious under 1% level.

Firstly the population number indicator representing city scale has obvious positive relevance with partial public service indicators (weight of scientific expense, per capita education expense, per capita medical expense, per capita social security and employment expense) and urban resident income. However per capita GDP appears obvious positive relevance with all public service indicators, and it also has high relevance with actual resident enjoying indicator. This indicates that improving urbanization process and expanding city scale are good for promoting the efficiency of public service supply, but it will has no direct influence on improving the actual enjoying level of residents from the root. Promotion of urban economic development level is the direct driving power of improving public service supply capacity, improving income allocation situation in rural and urban area, and improving the actual resident income level.

Secondly, all public service supply indicators appear obvious positive relevance with per capita disposable income of urban residents, and appear obvious negative relevance with the income of residents in urban and rural area. This indicates that the promotion of science, education, medical and other public service level play important role on improving actual resident enjoying.

Relevance analysis indicates that during the process of urbanization, there is obvious synchronous change relationship among economic development, public service promotion and actual resident enjoying level.

V. Analysis of several problems existed in China's urban development

(I) Main problems

1. Citizenization problem of migrant workers

Many migrant workers made great contribution to the urban development, but they obtained no social benefits equal to urban residents. According to the statistics, the total amount of migrant workers in 2012 is 26261, in which the number of outgoing migrant workers is 16336. Over 1/3 (Beijing), nearly 40% (Shanghai) and 75% (Shenzhen) are non local population from other regions. According to the current statistics of our country, it is to list the rural population living over half year in cities as urban population, therefore many migrant workers are incorporated into the statistical scope of urban population, but these rural population are not urban population in real sense, they can not enjoy same treatment with urban residents on the aspects such as employment, salary and benefit, schooling and social security. Majority of migrant workers entering city for working are gradually marginalized or live in "urban village" under very bad living condition. It is estimated by experts that the virtual high function of such "half urbanization" population's urbanization rate is over 10%. [6]Such "urbanization" is a kind of typical incomplete urbanization, or it can be said that it is only urbanization in statistics sense.

2. City Management

Because of lacking reasonable planning and guidance, rapid increasing population brings urban development, resource environment carrying and public service with tremendous pressure, making the quality of urban life environment descending and making the urban management into a mess. Taking Beijing as an example, according to the requirements in Overall urban planning of Beijing (2004—2020) edited in 2003, "until 2020, the actual living population of Beijing will be controlled within 18000000. " But in fact the permanent population of Beijing in 2009 has exceeded the planning scope of 2020, until now it has exceeded 20000000. Along with the large scale flow-in of external population, the accompanying children of migrant workers in Beijing accepting compulsory education have increased to 529000 in 2011 from 90000 in 2000, accounting for 31% of whole students. The annual average water consumption of whole city is about 3600000000, exceeding nearly 1000000000 m3 of annual average water resource available; the year by year rapid increasing of car quantity makes the traffic jam more serious, which greatly increase the travelling cost of residents, exhaust gas emission makes the quality of air more poor; the always high house price makes young person suffering a lot..... the pressure of resource, environment, population and social management seriously affected the urban image and the capability of sustainable development.

3. Disorder problem of urban space

The year-by-year increasing of fixed asset investment in the city causes the rapid expanding of urban scale, the outstanding performance includes large-scale land using for construction of new town, construction of development zone, construction of University City. Extensive land utilization mode causes serious space disorder development phenomenon. Wu Jinglian pointed out in his book "Choice of China growth mode" that the GDP of Hongkong was 7 times of Shenzhen, the available land of Hongkong only used 22%, but there was already no available land for Shenzhen. Lu Dadao, the academician has provided out his worry about the"City building movement"in the style of"making a pancake"as early as 2006, he believed that the space disorder of urbanization was obvious, forming expansion featured in scattered and spreading style, it was a big risk of urbanization. If it did not carry out constrains, it would affect the sustainable development of city in the future. But currently many local government are still keen to the expansion of urban scale.

Meanwhile the rapid expansion and space structure optimization of our country's current urban scale are not synchronous. Taking Beijing as an example, according to one investigation, the traffic jam time of Beijing already reached 5 hours every day, the commuting time of Beijing citizen is 1.32 hours every day, ranking the first in the whole country. Some government officers and scholars believe that too large automobile quantity and too much population are the chief culprits causing this bad consequence. However, in fact the population density and automobile density of Beijing are not very high when comparing to the world metropolises such as Singapore, Hong Kong and Tokyo, main problems are still space resource distribution disorder in living, accommodation and employment. [6] The specific reflection is that public service resource is excessively concentrated in downtown area, for example main medical, education and culture resource are distributed in downtown area, but the weight of residential land in none downtown area is too high, the industrial development is insufficient, the public service and entertainment facilities are shortage, for example Tongzhou, Huilongguan, Tiantongyuan and other districts are constructed into " dormitory town" that only can provide residence and simple shopping.

(Ⅱ) System barrier

1. Binary household register and land system in urban and rural area

Why binary household register and land system in urban and rural area becomes the system barrier of constraining our country's urban development, it does not rely on the division of agriculture household register and none agriculture household register, but rely on various welfare systems attached on their household register. Although various government were always exploring the reformation program of binary household register and land system in urban and rural area since the reformation and opening up, especially our country has consecutively canceled the division on agriculture household register and none agriculture household register in 13 provinces and cities such as Hebei, Liaoning, Jiangsu, Zhejiang, Fujian, Shandong, Hubei, Hunan, Guangxi, Chongqing, Sichuan, Shaanxi, Yunnan etc. and has registered as local resident household as a whole since 2003. But these reformation measures have not yet changed the various social benefits attached to household system. Residents are still divided into urban residents and rural residents, enjoying different treatment and opportunity. Although the two traditional functions of household system is a little weakened, but they are still playing their functions: first is to protect the urban workers to obtain employment opportunity in priority, second is to reject the migrant from rural area to equally enjoy various social benefits.

Due to historic reasons, our country formed a kind of binary land system in urban and rural area featured in state-owned urban land and collective ownership of rural land. The ambiguous property right of collective rural land ownership makes farmers can not obtain long-term value-added income from the transferring of land using right and other rights. Although our country stipulated that land transferring should adopt the principle of observing law, freewill and compensation through laws and regulations such as Rural land contract law, Rural land contracting operation right transferring management methods, Property law and so on. And it can not change the property of land ownership, the agriculture usage of land, it can not impair the benefits of farmers, it can not exceed the residual duration of contracting period. It stipulates that it can transfer modes such as subcontracting, leasing, exchanging, transferring, shareholding co-operative system etc. But in the specific practice, because the function difference of three main bodies: central government, local government and farmer on land, the rights of farmers in weak position can not obtain deserved protection. The behaviors impairing farmer's benefits by "mandatory" and "half mandatory" doings often occur. The objective pursued by central government is to narrow the income gap between urban and rural areas through increasing the income of farmers, and ensure the food safety of our country; the objective pursued by local government is to obtain fiscal income through land acquisition and improve GDP growth to promote the performance of government through land development investment; the objective pursued by farmers is to increase income and obtain stable social security. Although "Land management law" stipulates that lands collectively owned by farmer are mainly operated and managed by collective economic organization in village or village committee. But actually collective economic organization in village does not exist, the village committee is belonged to quasi administrative organization, its cadre appointment is generally appointed by higher level of government. Such kind of ambiguous property right makes the government becoming the strongest influence in the multi-player game, it can obtain more income during the land acquisition and land circulation process, but the influence the farmers are the weakest, they can not obtain sustainable security.

2. Dislocation of government function

The urbanization process in China is oriented by government, it is a kind of mode featured in "from top to bottom". The authority of local government generally decides the scale and industrial structure of city, many officers use administrative power to operate city according to their own willingness and their own understanding of "urbanization", The examination mechanism taking GDP as core further strengthened the enthusiasm of local government on industrial selection and venue construction, but it ignored the provision of public products, the improvement of people's livelihood and the optimization of urban space structure.

XI Conclusion

Although the limited data with different diameter constrained the deepening of research, but we still can find out some tendency from current evaluation results:

1. During 2009 to 2011, all main cities except for Hefei obtained progress in various extent on the scientific development, the relevant backward cities such as Xining, Guiyang and Nanchang etc. are the fastest growing cities, which means that the relative gap of urban development is a little shrunk.

2. Even so the development gap between city and city is still obvious, the development indicator of the city(Xiamen) with the highest development indicator is 3.3 times(2011) of the lowest city (Xining), the development indicator of the region (east coast with the highest development indicator is nearly 2 times of the region(northwest region) with the lowest development indicator.

3. During the process of urbanization, there is obvious synchronous change relationship among urban economic development, public service supply and actual resident enjoying level. Only when realizing the coordination and synchronization of three cycles such as wealth creation, wealth allocation and actual national benefit, the urbanization can healthily develop toward sustainable and people-oriented direction.

If it can deeply get into the structure problem of urban development, we believe that citizenization of migrant worker, urban management capacity, urban space disorder are the main problems currently affecting the scientific development of city. Only firmly improving the reformation of household register and land mechanism, changing development mode of authoritarianism, re-defining the function of government can realize the continuous promotion of urban development level during the urbanization process.

Reference

[1] Lucas, R., 1988, "OntheMechanicsof Economics Development", Journal of Monetary

Economics, 22, pp3—42.

[2] Lucas, R. , 2002, "Life Earnings and Rural2Urban Migration Working Paper", http://home. uchicago. edu/ ~ sogrodow/homepage/life-earnings. pdf.

[3] Fan Peilei, Qi Jiaguo. Sustainable evaluation on main China cities: Wang Guanghua, Caifang etc. . Urbanization road and development strategy of China: Theoretical discussion and practical analysis, Economic Science Press. April, 2012.

[4] Lu Ming. New urbanization should be a kind of urbanization of people. Monthly magazine about learning, 3rd edition of 2013

[5] Li Jianwei, Hu Caijuan Innovative research on urbanization strategy based on background of expanding domestic demand [J]. Regional and urban economy, 2011, (3).

[6] Li Xiaopeng. Urban space disorder by taking Beijing as an example. China Economic Report http://www. guozhicn. cn/guozhiContent. jsp? htmlpath = WebContent \ Publication \ EconomicReport \ Html \ 1921. html.